চমৎকারী রত্ন

চমৎকারী রত্ন

পণ্ডিত ভি. কে. শর্মা
(জ্যোতিষ, অঙ্ক, হসতরেখা এবং বাস্তুশাস্ত্র বিশেষজ্ঞ)

ডায়মণ্ড বুক্স

প্রকাশক	ঃ	ডায়মণ্ড বুক্স X - 30, ওখলা ইণ্ডাস্ট্রিয়াল এরিয়া, ফেজ - II নূতন দিল্লী - 110 020
ফোন	ঃ	011-40712200
ই-মেল	ঃ	sales@dpb.in
ওয়েবসাইট	ঃ	www.diamondbook.in
বঙ্গানুবাদ	ঃ	শ্রী সমীর দে
টাইপসেটিং	ঃ	ল্যাঙ্গুয়েজট্রন

Chamatkari Ratna (Bengali)
by : Pt. V. K. Sharma

সমর্পিত

এই পুস্তক স্বর্গীয় শ্রী শ্রী 1008 বাল ব্রহ্মচারী, বংশীধর জী ভিরকাবালে-র উদ্দেশ্যে সমর্পিত... যিনি এই সংসারে 'স্থূল' রূপে বিরাজমান... যিনি প্রতিটি মুহূর্তে আমার সাথে এনার্জীর স্বরূপে বিদ্যমান !

আমাকে জীবনদান প্রদানকারী... প্রতিটি বিষম পরিস্থিতিতে আমার পথ প্রদর্শনকারী, আমার জ্ঞানরূপী এনার্জী, আমার শরীরের সঞ্চালনের একমাত্র শক্তি... যাঁর কারণে আমার মাধ্যমে এই পুস্তক লেখা সম্ভবপর হয়েছে – তাঁর উদ্দেশ্যে এই পুস্তক আমি সাদর সমর্পিত করছি !

– পণ্ডিত ভি. কে. শর্মা
www.vicroo.com

পণ্ডিত ভি. কে. শর্মা

www.vicroo.com

লেখক পরিচিতি

পণ্ডিত ভি. কে. শর্মা হচ্ছেন এক প্রসিদ্ধ অঙ্ক, হস্তরেখা, জ্যোতিষ এবং বাস্তুশাস্ত্র বিশেষজ্ঞ! ওনার লেখা পুস্তক 'ম্যাজিক অফ্ নাম্বার', 'অকাল্ট সায়েন্স অন্ দ্য হ্যাণ্ড', 'শেপ অফ্ দ্য হ্যাণ্ড', 'চমৎকারী জ্যোতিষ', 'চমৎকারী হস্তরেখায়েঁ', 'চমৎকারী বাস্তু' ইত্যাদি অত্যন্ত প্রচলিত! পণ্ডিত জী নিজের 36 বছরের গহন অধ্যয়ণ দ্বারা বেশ কিছু অনুসন্ধান কার্যও করেছেন... যেগুলো ওনার পুস্তকে দেখতে পাওয়া যায়! অঙ্ক বিদ্যায় উনি 'গ্রাফিক্স' নামের সাইক্লিক কার্ভের আবিস্কার করে অঙ্ক বিদ্যাকে এক নতুন বৈজ্ঞানিক ভিত্তি প্রদান করেছেন! উনি এই গ্রাফিক্স কার্ভ দ্বারা, অঙ্কের ভিত্তিতে বেশ কিছু ভবিষ্যবাণীও করেছেন... যেগুলো পরে একেবারে সঠিক প্রমাণিত হয়েছে! সেই সব ভবিষ্যবাণীর মধ্যে সব থেকে গুরুত্বপূর্ণ ভবিষ্যবাণী ছিল স্বর্গীয় প্রধানমন্ত্রী ইন্দিরা গান্ধীর ওপরে... যেটা ওনার মৃত্যুর প্রায় সাড়ে চার বছর আগে উত্তর ভারতের সংবাদপত্রগুলোর প্রথম পৃষ্ঠায় ছাপা হয়েছিল!

1981 সালে দিল্লীতে আয়োজিত বিশ্ব জ্যোতিষ সম্মেলনে উনি বিভিন্ন জ্যোতিষীদের দ্বারা করা ভবিষ্যবাণীর প্রতি চ্যালেঞ্জ ছুঁড়ে দিয়েছিলেন আর ওনার প্রায় সকল ভবিষ্যবাণী প্রসিদ্ধ সংবাদপত্রগুলোয় ছাপা হয়েছিল... যেগুলো সময় এলে সঠিক প্রমাণিতও হয়েছিল! ওনার দ্বারা করা ভবিষ্যবাণীর সব থেকে বড় বিশেষত্ব হচ্ছে এটা যে, সেগুলো সম্পূর্ণ রূপে অঙ্কের ওপরে আধারিত... যেটা এক বিজ্ঞান এবং পরিণাম সিদ্ধ করতে সক্ষম!

2001 সালের অক্টোবর মাসে উনি উত্তর ভারতের এক প্রসিদ্ধ সংবাদপত্রে অঙ্কের ভিত্তিতে বিশ্ব কুণ্ডলীর প্রদর্শন করে এমন ভবিষ্যবাণী করেছিলেন – "আমেরিকার ওপরে শনির সাড়ে সাত্তি চলছে... যেটা 06-ই জানুয়ারী, 2000 থেকে শুরু হয়েছে! এমনটা আমেরিকার পক্ষে অত্যন্ত ক্ষতিকারক!" সেই সময়ের মধ্যেই আমেরিকার ওয়ার্ল্ড ট্রেড সেন্টারের ওপরে হামলা হয়েছিল!

পণ্ডিত শর্মা এমনটা লিখেছিলেন যে, শুরুতে তো আমেরিকার পাশে বিশ্বের সব দেশ এসে দাঁড়াবে... কিন্তু পরে আমেরিকা বিশ্বের বেশীর ভ াগ দেশের সহায়তা প্রাপ্ত করবে না... যেটা গালফ্ ওয়ার শুরু হওয়ার আগেই প্রমাণিত হয়ে পড়েছিল! বিশ্বের বেশীর ভাগ দেশ আমেরিকার

এই কাজের স্বপক্ষে ছিল না!

গালফ্ ওয়ারের সময় সম্পাদকের কাছে লোকেদের প্রচুর চিঠি এসেছিল... যেসব চিঠিতে সম্পাদককে এমন অনুরোধ জানানো হয়েছিল যে, তিনি যেন পণ্ডিত জী-কে এর ওপরে ভবিষ্যবাণী করার অনুরোধ জানান!

পণ্ডিত জী অঙ্কের ভিত্তিতে যে ভবিষ্যবাণী করেছিলেন, সেটা সংবাদপত্রে পুনরায় প্রকাশিত করা হয়েছিল! উনি লিখেছিলেন – "আমেরিকার রাষ্ট্রপতি জর্জ ডব্লিউ. বুশের জন্ম তারিখ হচেছ 06.07.1946, ইংল্যাণ্ডের প্রধানমন্ত্রী টনি ব্লেয়ারের জন্ম তারিখ হচেছ 06.05.1953 এবং সাদ্দাম হুসেনের জন্ম তারিখ হচেছ 28.04.1937! বুশ আর ব্লেয়ারের 'কী' সংখ্যা হচেছ 6 এবং সাদ্দামের 'কী' সংখ্যা হচেছ 1... যে দুটি সংখ্যার মধ্যে বিষম যোগ রয়েছে! দ্বিতীয়তঃ, সাদ্দাম হুসেনের বয়স হচেছ (2003 - 1937 = 66) (গালফ্ ওয়ার চলার সময়)! এই 66 বছরের মধ্যে একটা 6 হচেছন বুশ এবং অন্য 6 হচেছন ব্লেয়ার... এটাই ওনার মৃত্যুর কারণ হয়ে উঠবে! কিন্তু যদি সাদ্দাম 28-শে এপ্রিল পার করে নেন... তাহলে ওনার বয়স 67 বছর হয়ে পড়বে... তখন ওনার ওপর থেকে সংকট সরে যাবে!"

28-শে এপ্রিলের পরে যুদ্ধ সমাপ্ত হয়ে পড়ে এবং সাদ্দাম হুসেন বেঁচে যান... কিন্তু 2006 সালে 6 সংখ্যা আবার একবার নিজের প্রভাব দেখায় আর সাদ্দাম হুসেনের মৃত্যুর কারণ হয়ে ওঠে! এছাড়াও আরও অনেক ভবিষ্যবাণী... যেগুলো পণ্ডিত জী করেছিলেন, সেগুলোর মধ্যে থেকে কয়েকটা এই পুস্তকের শেষে দেখানো হয়েছে!

এছাড়া 2009 সালের লোকসভা নির্বাচনে পণ্ডিত জী কংগ্রেস অধ্যক্ষা শ্রীমতি সোনিয়া গান্ধীর ব্যাপারে অঙ্কের ভিত্তিতে ভবিষ্যবাণী করেছিলেন... যেটা বিভিন্ন সংবাদপত্রের প্রথম পৃষ্ঠায় ছাপা হয়েছিল আর পরে একেবারে সঠিক প্রমাণিত হয়েছিল! সেই ভবিষ্যবাণী এই প্রকার ছিল ঃ

'নাইন' (9) বানাবে কংগ্রেসের সরকার!

গাজিয়াবাদ, 21-শে এপ্রিল ঃ 2009 সালের লোকসভা নির্বাচনে কংগ্রেস পার্টি আশার অনেক বেশী সফলতা প্রাপ্ত করবে! জ্যোতিষীয় গণনা অনুসারে 15-তম লোকসভা নির্বাচনে কংগ্রেস পার্টি শ্রীমতি সোনিয়া গান্ধীর নেতৃত্বে অপ্রত্যাশিত সফলতা হাসিল করবে!

নিজের এমন দাবীর পুষ্টির সম্বন্ধে পণ্ডিত ভি. কে. শর্মা বলেন যে, শ্রীমতি সোনিয়া গান্ধীর জন্ম কুণ্ডলীতে সংখ্যা 9 রাজযোগ সৃষ্টি করছে... যে কারণে ওনার সফলতা প্রাপ্তি সুনিশ্চিত! পণ্ডিত জী এই প্রকার গণনা করেছিলেন ঃ

সোনিয়া গান্ধীর জন্ম তারিখ 09.12.1946 ! অঙ্ক জ্যোতিষ অনুসারে ওনার 'কী' সংখ্যাও হচ্ছে 9 ! 2009 সালের শেষে সংখ্যা 9 রয়েছে এবং 2009 সালে শ্রীমতি সোনিয়া গান্ধীর বয়স হচ্ছে 63 বছর আর ওনার বয়সের সংখ্যার যোগফল হচ্ছে (6 + 3) = 9 ! এই প্রকার শ্রীমতি গান্ধীর ভাগ্যশালী সংখ্যা 9 রাজযোগের সৃষ্টি করছে ! এজন্য 9 অর্থাৎ 'নাইন' বানাবে কংগ্রেসের সরকার !

এছাড়াও পণ্ডিত ভি. কে. শর্মা দ্বারা করা আরও কিছু ভবিষ্যবাণী এই পুস্তকের শেষে দেখানো হয়েছে !

– পণ্ডিত ভি. কে. শর্মা
G - 4059 (Pent House)
গৌড় গ্রীন সিটি, ইন্দিরাপুরম
গাজিয়াবাদ (উত্তর প্রদেশ)
ফোন ঃ 09313771879
0120 - 3206440
Web : www.vicroo.com
E-mail : panditvksharma12@rediffmail.com

লেখকের কলম থেকে

হাজার-হাজার বছর আগে ঋষি পরাশর, ঋষি ভৃগু দ্বারা উপনিষদ এবং ভাগবত কাহিনীতে সংস্কৃত ভাষায় লেখা শ্লোকগুলো বোঝার চেস্টা আজও করা হচেছ ! পরম জ্ঞানের অবস্হায় লেখা এই সব শ্লোক সাধারণ অবস্হায় ব্যক্তির বুদ্ধির অগম্য ! এই সব গ্রন্থে লেখা শ্লোকগুলো সময়ে-সময়ে গোটা বিশ্বের বৈজ্ঞানিকদের পথ প্রদর্শন করে এসেছে ! আজও বৈজ্ঞানিকেরা সংস্কৃত ভাষায় লেখা এই সব শ্লোক বোঝার চেস্টা করে চলেছেন ! একবার পণ্ডিত নেহরু (ভারতের প্রাক্তণ প্রধানমন্ত্রী)-র সাথে বৈজ্ঞানিক আইন্সস্টাইনের সাথে দেখা হয়... সেই সময় আইন্সস্টাইন এক পুস্তক পড়ছিলেন ! পণ্ডিত নেহরু প্রশ্ন করেন – "আপনি কি পড়ছেন ?" আইন্সস্টাইন উত্তর দেন – "আমি বিশ্বের সব থেকে বড় সায়েন্টিফিক পুস্তক পড়ছি !" বাস্তবে উনি সেই সময় ভাগবত গীতা পড়ছিলেন ! এই গ্রন্থ দ্বারা প্রেরিত হয়ে উঠে উনি বহু বছর আগে ভগবান শ্রী কৃষ্ণ দ্বারা অর্জুনকে দেওয়া উপদেশ – "আত্মা অমর ! তার না জন্ম আছে... না আছে মৃত্যু ! সেটা কেবল নিজের স্হান পরিবর্তন করে !"-য়ের গভীরতার সাথে অধ্যয়ণ করেন !

আইন্সস্টাইন সেটাকে আজকের যুগের বৈজ্ঞানিক ভাষায় লিখে ফেলেন – "Energy can neither created nor destroyed! It can transfer from one place to another place!" (এনার্জীকে না সৃষ্টি করা যেতে পারে... না শেষ করা যেতে পারে ! সেটাকে কেবল এক স্হান থেকে অন্য স্হানে স্হানান্তরিত করা যেতে পারে !

বাস্তবে যদি দেখা যায়... তাহলে ন্যুটন, ম্যাক্সওয়েল, ডাঃ সি. ভি. রমণ ইত্যাদি বিখ্যাত বৈজ্ঞানিকদের আবিস্কার প্রাচীন ঋষিদের দ্বারা লেখা গ্রন্থগুলোর ওপরে নির্ভর করে... যেটার বর্ণনা আমার দ্বারা এই পুস্তকে 'উপনিষদের শ্লোকগুলোর বৈজ্ঞানিক রূপে পুষ্টি-তে করা হয়েছে !

এই পুস্তকে রত্নের ওপরে চলে আসতে থাকা মিথ্যা, অন্ধবিশ্বাস আর ভ্রম দূর করার বিশেষ চেস্টা করা হয়েছে ! আমার আশা যে, এই পুস্তক পড়লে লোকেদের সমস্ত ভ্রান্তি দূর হয়ে পড়বে ! এই পুস্তক অত্যন্ত সরল ভাষায় লেখা হয়েছে আর এটা মুখ্য রূপে জ্যোতিষ, অঙ্ক বিদ্যা, উপনিষদ এবং বৈজ্ঞানিকদের রহস্যময় আবিস্কারের ওপরে আধারিত ! এই পুস্তকে পাঠকদের বোঝানোর পূর্ণ প্রচেস্টা করা হয়েছে !

– পণ্ডিত ভি. কে. শর্মা

রত্নের চমৎকার

ব্যক্তির জীবনের সাথে রত্নের হাজার-হাজার বছর প্রচীন সম্পর্ক রয়েছে ! এক দিকে যেখানে মাটি থেকে হাজার-হাজার ফুট নীচে এবং পাহাড় আর গুহা থেকে রত্ন বার হয়... অন্য দিকে সমুদ্রে বা পাহাড়ে জোনাকির মত চমকাতে থাকা গাছের ডাল আর শেকড়ে রত্ন পাওয়া যায়... যেমন মুঙ্গা আর সঞ্জীবনী বুটী – যেগুলো পাহাড়ে চমকাতে থাকে !

হিন্দুদের গ্রন্থ 'রামায়ণ'-তে রাবণের পুত্র মেঘনাদের সাথে যুদ্ধ করার সময় যখন লক্ষ্মণ মূর্চ্ছিত হয়ে পড়েছিলেন... তখন হনুমান জী পুরো গন্ধমাদন পর্বতই উঠিয়ে নিয়ে এসেছিলেন... যার ওপরে প্রাকৃতিক এনার্জীতে ভরপুর এবং জোনাকির মত চমকাতে থাকা চারাগাছ দেখতে পাওয়া যাচিছল ! লক্ষ্মণ জী-র চিকিৎসা করতে থাকা বৈদ্য যখন সেই পাহাড় থেকে সঞ্জীবনী বুটী বার করে লক্ষ্মণ জী-কে শোঁকালেন... তখন লক্ষ্মণ জী তৎক্ষনাত মূচর্ছা থেকে মুক্ত হয়ে পড়েছিলেন ! আজও আমাদের দেশে আয়ুর্বেদে রোগের চিকিৎসা শেকড়-বাকড় দিয়ে করা হয়ে থাকে !

আজও পর্বতগুলোয় আর সমুদ্রে এমন কিছু চারাগাছ, শেকড়-বাকড় দেখতে পাওয়া যায়... যেগুলোর আকৃতি মনুষ্য-শরীরের বিভিন্ন অঙ্গের সাথে মেলে আর যেগুলো হয়তো এই ইঙ্গিত করে যে, এগুলোর সাথে মনুষ্য-শরীরের সম্বন্ধ অত্যন্ত গভীর !

আমি এখানে সংক্ষেপে এমনই কিছু স্বাস্থ্যকারক রত্নের সাথে সম্বন্ধিত চারাগাছের আকৃতি দেখাচ্ছি... যেগুলো হু-ব-হু মনুষ্য-শরীরের অঙ্গগুলোর সমান ! উদাহরণ হিসেবে 'দিমাগী মুঙ্গা' (Brain Coral), মেরুদণ্ডের হাড়ের সমান মুঙ্গা (Spinal Coral), পেটের আকারের মুঙ্গা, যৌন শক্তি বাড়িয়ে তোলা মুঙ্গা শরীরের আকৃতির চারাগাছ থেকে প্রাপ্ত করা হয় আর তারপর সেগুলোকে কেটে, মেশিন দ্বারা পরিস্কার করে রত্নের আকার প্রদান করা হয় ! যে প্রকার চুম্বকের চার পাশের এনার্জী চোখে দেখতে পাওয়া যায় না... কিন্তু সেটা লোহার কাছাকাছি আসামাত্র এনার্জীযুক্ত হয়ে ওঠে – ঠিক সেই প্রকার এই সব রত্নে লুকিয়ে থাকা প্রাকৃতিক এনার্জী ব্যক্তির শরীরের সংস্পর্শে আসামাত্রই নিজের প্রভাব দেখানো শুরু করে দেয় ! এই সব রত্ন ব্যক্তির স্বাস্থ্যকে এক দিকে যেমন ঠিক করে তোলে... অন্য দিকে বিভিন্ন গ্রহের সাথে সম্বন্ধিত রত্ন গ্রহগুলোর সাথে সম্বন্ধিত কার্যকে প্রভাবিত করে ! পরের পৃষ্ঠায় দেওয়া চিত্রে দিমাগী মুঙ্গা এবং মেরুদণ্ডের হাড়ের সমান মুঙ্গা দেখানো হয়েছে !

দিমাগী মুঙ্গা

মেরুদণ্ডের হাড়ের সমান মুঙ্গা

এ্যাস্ট্রল এনার্জীতে ভরপুর এই সব রত্ন যখন ধারণ করা হয়... তখন এগুলো নিজেদের চমৎকার দেখায়... ব্যক্তির জীবনকে পুরো পাল্টে দেয়... রাজাকে পথের ভিখারী আর পথের ভিখারীকে রাজা করে তোলে! নিজেদের শক্তি বৃদ্ধি করার জন্য দেবী-দেবতারা এবং রাক্ষসেরা এই সব রত্ন ধারণ করতেন! সত্যযুগের পরে কলিযুগেও এই সব রত্নের অত্যন্ত বেশী গুরুত্ব দেখতে পাওয়া গেছে! রাজা-মহারাজা এবং রানী-মহারানীরাও এই সব রত্ন নিজেদের মুকুট আর অলংকারে ধারণ করেছেন! আজকের যুগেও বড়-বড় সেলিব্রিটিরা, লণ্ডনের মহারানী, বলিউড স্টার, শিল্পপতি, মাফিয়া ডন আর সাধারণ ব্যক্তিরা নিজেদের পকেটের জোর অনুসারে এই সব রত্ন ধারণ করে থাকেন! এই সব রত্ন যদি ব্যক্তিকে সুট না করে... তাহলে সেটা ব্যক্তির জীবন নষ্ট-ভ্রষ্ট করে দেয়! আজও লণ্ডনের মিউজিয়াম (Museum)-তে এমন এক হীরা আর নীলা রাখা আছে... যেগুলো বেশ কিছু ব্যক্তির জীবন বর্বাদ করে দিয়েছে! যে ব্যক্তিই সেই হীরা বা নীলা ধারণ করেছেন... তাঁর ববাদী শুরু হয়ে পড়েছে আর সেই ববাদী মৃত্যু পর্যন্ত সেই সব ব্যক্তিদের পেছু ছাড়েনি!

1857 সালে কর্ণেল ফ্রাসেস যখন ভারতবর্ষের স্বাধীনতা সংগ্রাম দমন করতে কানপুর এসে পৌঁছলেন... তখন উনি এক মন্দিরের মূর্তির অলংকারের মধ্যে থেকে নীলা বসানো এক আংটিও প্রাপ্ত করেন! উনি যেদিন সেই নীলা বসানো আংটি প্রাপ্ত করেন... সেদিন থেকেই ওনার খারাপ সময় শুরু হয়ে পড়ে! ওনার সেনাবাহিনীর প্রচণ্ড সুনাম ছিল... কিন্তু সেই সব কিছু সমাপ্ত হয়ে পড়ে! ওনার কোটি-কোটি টাকা মূল্যের সম্পত্তিও নস্ট হয়ে পড়ে! উনি সেই নীলা বসানো আংটি নিজের দুই বন্ধুকে দিয়েছিলেন... তাঁদের মধ্যে একজনের মৃত্যু হয়ে পড়ে এবং অন্যজন বর্বাদ হয়ে পড়েন! সেই নীলা বসানো আংটি আবার একবার কর্ণেল ফ্রাসেসের কাছে ফিরে আসে! কর্ণেল ফ্রাসেসের মৃত্যু হয়ে পড়ে! ওনার মৃত্যুর পরে ওনার উইলে সেই রত্নের উল্লেখ দেখতে পাওয়া যায়! সেই রত্ন ওনার

দুই পুত্রের প্রাপ্ত হয়! সেই রত্ন (নীলা) কর্ণেল ফ্রান্সেসের দুই পুত্রেরও ববর্দীর কারণ হয়ে ওঠে আর তাঁরাও বর্বাদ হয়ে পড়েন! সেই পরিবারের সদস্যরা সেই নীলা লণ্ডনের মিউজিয়াম (Museum)-তে রেখে দেন! 2010 সালের জানুয়ারী মাসে লণ্ডনের মিউজিয়াম (Museum)-তে সেই নীলার প্রদর্শনী (Exhibition) লেগেছিল! লোকেরা সেই নীলার কাছে যেতেও ভয় পাচ্ছিল! সেই নীলার চার দিকে এক বেগুনী রং (Violet Colour)-য়ের রিং-য়ের মত দেখতে পাওয়া যাচ্ছিল!

কেবল নীলাই নয়... এক হীরাও এমন প্রবৃত্তির রয়েছে! যে ব্যক্তি সেই হীরা ধারণ করেছেন... তাঁরই সর্বনাশ হয়ে পড়েছে! সেই হীরাও প্রদর্শনীর সময় লণ্ডনের মিউজিয়ামে রাখা হয়েছিল!

যে প্রকার সাত গ্রহ ঃ সূর্য, চন্দ্র, মঙ্গল, বুধ, বৃহস্পতি, শুক্র আর শনি রয়েছে... ঠিক সেই প্রকার সাত রং ঃ বেগুনী, গাঢ় নীল, নীল, সবুজ, হলুদ, কমলা আর লাল (স্পেক্ট্রম) রয়েছে! সঙ্গীতের সাত সুর ঃ সা-রে-গা-মা-পা-ধা-নি... সপ্তাহের সাত দিন ঃ রবিবার, সোমবার, মঙ্গলবার, বুধবার, বৃহস্পতিবার, শুক্রবার আর শনিবার এবং যোগে সাত চক্র ঃ সহস্রধারা, অঞ্জনা, বিশুদ্ধি, অনাহত, মণিপুর, স্বাধিস্ঠান আর মূলা এবং শরীরে সাত গ্রন্থি (Glands) ঃ পিনীয়ল, পিট্যুটরী, থায়রয়েড, থায়মস, প্যাংক্রিয়াজ, এড্রিনাল এবং গোণডস রয়েছে! ঠিক সেই প্রকার সাত রত্নকে গুরুত্বপূর্ণ হিসেবে মানা হয়েছে ঃ মাণিক (Ruby), মুক্তা (Pearl), মুঙ্গা (Coral), পান্না (Emerald), পোখরাজ (Yellow Sapphire), হীরা (Diamond) এবং নীলা (Blue Sapphire)!

এই সাত রত্ন হচ্ছে 12 রাশির স্বামী-গ্রহগুলোর রত্ন! মেষ আর বৃশ্চিক রাশির স্বামী – মঙ্গল, রত্ন – মুঙ্গা... বৃষ আর তুলা রাশির স্বামী – শুক্র, রত্ন – হীরা... মিথুন আর কন্যা রাশির স্বামী – বুধ, রত্ন – পান্না... ধনু আর মীন রাশির স্বামী – বৃহস্পতি, রত্ন – পোখরাজ... মকর আর কুম্ভ রাশির স্বামী – শনি, রত্ন – নীলা... সিংহ রাশির স্বামী – সূর্য, রত্ন – মাণিক এবং কর্কট রাশির স্বামী – চন্দ্র, রত্ন – মুক্তা!

যে প্রকার ব্যক্তির শরীরে রক্ত দেওয়ার সময় সেই ব্যক্তির ব্লাড গ্রুপের সাথে বাইরে থেকে দিতে থাকা ব্লাড গ্রুপ মিলিয়ে নেওয়া হয় অর্থাৎ ম্যাচ (Match) করিয়ে নেওয়া হয়... ঠিক সেই প্রকার রাশি অনুসারে রত্নও ম্যাচ করে তবেই ধারণ করা উচিত... অন্যথা সেটা ব্যক্তির ক্ষতিই করে! কিন্তু আজকের যুগে যে প্রকার নকল খাদ্য পদার্থ, ওষুধ, ভেজাল বস্তুর প্রচলন চলছে... সেই প্রকার নকল রত্নেরও প্রচলন চলছে... যেগুলো রাশি অনুসারে ধারণ করলেও কোন লাভ হয় না! ফলে রত্নের ওপর থেকে লোকেদের বিশ্বাস ধীরে-ধীরে কমে আসছে!

এক দিকে যেমন কিছু বৈজ্ঞানিক এই সব রত্ন দ্বারা হতে থাকা লাভ আর ক্ষতিকে মানেন না... অন্য দিকে কিছু বৈজ্ঞানিক এমনও আছেন, যাঁরা এই সব রত্নের পেছনে লুকিয়ে থাকা রহস্যকে সায়েন্টিফিক রূপে প্রকাশ করে দিয়েছেন!

গুরুত্বপূর্ণ (Important)

রত্ন ধারণ করার আগে ব্যক্তির জন্ম লগ্ন আর জন্ম রাশির সাথে সম্বন্ধিত রত্নগুলোর ব্যাপারে পূর্ণ তথ্য প্রাপ্ত করে নেওয়া উচিত! প্রায়ই লোকেরা রাশির রত্ন ধারণ করার সময় কিছু ভুল করে বসেন, যেগুলো হচ্ছে এই প্রকার ঃ-

মেষ (Aries) এবং বৃশ্চিক (Scorpio) রাশির স্বামী হচ্ছে মঙ্গল গ্রহ! এজন্য মেষ এবং বৃশ্চিক রাশির জাতকদের মঙ্গলের রত্ন মুঙ্গা ধারণ করার উপদেশ দেওয়া হয়ে থাকে... কিন্তু এমনটা ভুল হয়! কারণ মেষ রাশি অগ্নি তত্ত্ব হয় আর বৃশ্চিক রাশি জল তত্ত্ব! এই দুই-য়ের দোষ-গুণ আর প্রবৃত্তি একে-অপরের থেকে আলাদা হয়! উদাহরণ হিসেবে ঃ

01. যদি মেষ লগ্নের কুণ্ডলী দেখা হয়, তাহলে প্রথম ভাবে মেষ এবং অষ্টম ভাবে বৃশ্চিক রাশি আসে... যেটা মেষ রাশির বিপরীত হয়! প্রথম এবং অষ্টম ভাবে বসে থাকা গ্রহ আর রাশি পরস্পরের সাথে শত্রুতার ভাব পোষণ করে! এমন পরিস্থিতিতে দুই রাশি (মেষ এবং বৃশ্চিক)-র জাতকদের মুঙ্গা ধারণ করাটা কি করে লাভদায়ক হতে পারে?

02. অঙ্ক বিদ্যা অনুসারেও মেষ রাশির স্বামী মঙ্গলের সংখ্যা হচ্ছে 9 আর বৃশ্চিক রাশির স্বামী মঙ্গলের সংখ্যাও 9 অর্থাৎ ঋণাত্মক! মেষ রাশির স্বামী মঙ্গল গরম স্বভাবের হয়! এজন্য মেষ রাশির জাতকদের মুঙ্গা ধারণ করার পরামর্শ দেওয়া হয়ে থাকে! যখন কি বৃশ্চিক রাশির স্বামী মঙ্গল শান্ত স্বভাবের হয়... এজন্য বৃশ্চিক রাশির জাতকদের কারনীলীয়ন (Carnelian) ধারণ করার পরামর্শ দেওয়া হয়ে থাকে!

03. এই প্রকার ধনু রাশি (অগ্নি তত্ত্ব) এবং মীন রাশি (জল তত্ত্ব) হয়! এই দুই রাশির একটাই স্বামী বৃহস্পতি হওয়া সত্ত্বেও এই দুই রাশি গুণ-দোষের ভিত্তিতে একে-অপরের থেকে আলাদা হয়! এজন্য ধনু রাশির জাতকদের পোখরাজ এবং মীন রাশির জাতকদের জল তত্ত্বের সাথে সম্বন্ধিত ওপাল বা চন্দ্রমণি ধারণ করা উচিত! এই প্রকার মিথুন-কন্যা, বৃষ-তুলা এবং মকর-কুম্ভের জন্যও বিচার করা উচিত! সেই সম্বন্ধিত তথ্যও এই পুস্তকে দেওয়া হয়েছে!

পরের অধ্যায়গুলোয় বিভিন্ন রত্নের পূর্ণ তথ্য আপনাদের কাছ পর্যন্ত পৌঁছে দেওয়ার প্রচেষ্টা করা হয়েছে... যেগুলো আমাদের শাস্ত্র, বেদ আর বিজ্ঞানের ওপরে আধারিত!

সূচীপত্র

11. গোশীনাইট (Goshenite)
12. হেলীওদর (Haliodar)
13. হেমীমফাইট (Hemimorphite)
14. ইণ্ডিকোলাইট (Indicolite)
15. আয়োলাইট (Iolite)
16. লেব্রাডোরাইট (Labradorite)
17. মর্গানাইট (Morganite)
18. প্রাসিয়োলাইট (Prasiolite)
19. পায়রাইট (Pyrite)
20. রুবেলাইট (Rubellite)
21. স্কাপোলাইট (Scapolite)
22. সার্পেন্টাইন (Serpentine)
23. সোডালাইট (Sodalite)
24. স্পেক্ট্রোলাইট (Spectrolite)
25. সুজিলাইট বা হেমী (Sugilite or Hemi)
26. সানস্টোন (Sunstone)
27. টাইগার্স আই (Tiger's Eye)
28. য়ুনেকাইট (Unakite)
29. এমেথিস্ট (Amethyst)
30. পেরিডোট (Peridot)
31. এ্যাক্যোয়ামেরিন (Aquamarine)
32. ট্যাঞ্জানাইট (Tanzanite)
33. সিটরিন (Citrine)
34. গারনেট (Garnet)
35. লেপিস-অজুলা (Lapis-Azula)
36. এ্যাম্বর (Amber)
37. ম্যাগ্নেটাইট (Magnetite)
38. ওবসিডিয়ন (Obsidian)
39. এ্যাভেঞ্চুরিন (Aventurine)
40. প্রেহনাইট (Prehnite)
41. চেরোইট (Charoite)
42. ক্যালকাইট (Calcite)
43. কুনজাইট (Kunzite)
44. সারডোনিক্স (Sardonyx)
45. জেসিন্থ (Jacinth)

রত্ন পরিচয়

রত্নের উৎপত্তি ঃ দেবতা এবং রাক্ষসেরা যখন সমুদ্র মন্থন করেছিলেন... সেই সময় সমুদ্রের তলদেশ থেকে অমৃতের সাথে-সাথে রত্নও প্রাপ্ত হয়েছিল! এজন্য সেই থেকে রত্ন ধারণ করার প্রচলন শুরু হয় আর রত্ন ধারণ করার মান্যতাও শুরু হয়! দেবতা হোক্ বা রাক্ষস – সকলেই রত্ন ধারণ করতেন! দেবতারা শুভ রত্ন ধারণ করতেন... যাতে তাঁদের ইতিবাচক এনার্জী বজায় থাকে এবং রাক্ষসেরা অশুভ রত্ন ধারণ করতেন, যাতে তাঁদের নেতিবাচক এনার্জী বজায় থাকে! যে প্রকার নিরামিষ ভোজনের সেবন করলে ইতিবাচক এনার্জীর প্রাপ্তি হয় আর মাংসাহারী ভোজনের সেবন দ্বারা নেতিবাচক এনার্জী প্রাপ্ত হয়... ঠিক সেই প্রকার শুভ-অশুভ রত্নের ধারণ দ্বারাও এনার্জীর প্রাপ্তি হয়!

রত্নের প্রচলন ঃ বেশ কয়েক যুগ ধরে রত্ন ধারণ করার প্রচলন চলে আসছে! আমরা যখন দেবী-দেবতাদের মূর্তি বা চিত্র দেখি... তখন সেই সব মূর্তি বা চিত্রে দেবী-দেবতাদের দ্বারা মুকুটে, কানে, গলায়, হাতে অনেক রত্ন জড়িত অলংকার ধারণ করে থাকতে দেখতে পাই! কেবল দেবতারাই নন... বরং রাক্ষসেরাও নিজেদের আবশ্যকতা অনুসারে বিভিন্ন রত্ন ধারণ করতেন! রত্ন ধারণ করার এই প্রচলন বেশ কয়েক যুগ ধরে চলতে থাকে এবং রাজা-মহারাজা আর তাঁদের রানীরা নিজেদের ঠাট-বাট দেখানোর জন্য অলংকারে বিভিন্ন রত্ন বসিয়ে সেগুলো শৃঙ্গারের রূপে ধারণ করতেন! বেশ কয়েক শতাব্দী কেটে যাওয়ার পরে আজও লোকেরা রত্ন জড়িত অলংকার ধারণ করে আসছেন! আজকের যুগের সাধারণ ব্যক্তিরা নকল রত্ন জড়িত অলংকার (Artificial Jewellery) পরা বেশী পছন্দ করেন!

এমনিতে দেখতে গেলে এই সব রত্নের পেছনে অনেক বড় রহস্য লুকিয়ে রয়েছে! এই সব রত্ন ধারণ করার উদ্দেশ্য কেবলমাত্র শৃঙ্গারই ছিল না... বরং এগুলো ব্যক্তি দ্বারা নিজের স্বাস্থ্য, মনের শান্তি, কামেচ্ছা বৃদ্ধি, রাজ-পাটের বৃদ্ধি, সম্মান ইত্যাদি বৃদ্ধি করার জন্য ধারণ করা হত! আজকাল বিবাহের পাকা দেখা বা বিবাহ উপলক্ষে হীরের আংটি দেওয়ার প্রচলন চলছে, যাতে প্রেমী যুগলের মধ্যে পারস্পরিক প্রেমের সাথে-সাথে কামেচ্ছা (সেক্স) আর কাম-শক্তি বৃদ্ধি পায় এবং তার সাথে-সাথে তাদের মধ্যে রোমান্টিক মুডও বজায় থাকে... কারণ হীরা হচেছ শুক্র গ্রহের প্রতীক আর শুক্র সেক্স, রোমান্স আর কামেচ্ছার সাথে যুক্ত হয়ে রয়েছে! এজন্য এই সব উপলক্ষের রত্ন হিসেবে হীরাকেই বেছে নেওয়া হয়েছে!

জ্যোতিষ এবং যোগের সাথে রত্নের সম্পর্ক ঃ জ্যোতিষের সাথে রত্নের

যুগ-যুগ ধরে সম্পর্ক রয়েছে ! প্রচীন কালে কেবলমাত্র উজ্জ্বল ভবিষ্যতের জন্যই নয়... বরং বিভিন্ন রোগের থেকে মুক্তি পাওয়ার জন্যও এর উপযোগের গুরুত্ব বিভিন্ন বেদ দ্বারা জানানো হয়েছে ! শেকড়-বাকড়ের সাথে-সাথে বিভিন্ন রত্নের ভস্মের প্রয়োগও সেই সময় চিকিৎসার রূপে করা হত ! সেই যুগে জন্ম কুণ্ডলীতে লগ্ন রাশি এবং দিশা দেখে বিভিন্ন রত্ন ধারণ করার পরামর্শ দেওয়া হত আর শেকড়-বাকড় দিয়ে রোগের চিকিৎসা করা হত !

এর পরে যোগ ক্রিয়ার যুগের সূত্রপাত হল আর মনুষ্য-শরীরে চক্র (Aura) দেখা হতে লাগল এবং যোগ ক্রিয়া দ্বারা বিভিন্ন রোগের চিকিৎসা করা শুরু হল ! তার পরে আয়ুর্বেদের জন্ম হল ! বিভিন্ন রোগের চিকিৎসা করার জন্য রত্ন আর ধাতুর ভস্মের প্রয়োগ করা হতে লাগল !

হিপ্পোক্রেট... যাঁকে আধুনিক মেডিক্যাল সায়েন্সের পিতামহ বলা হয়ে থাকে, এক বিরাট বড় জ্যোতিষাচার্য ছিলেন... যিনি বিভিন্ন গ্রহকে মনুষ্যের শরীরে গ্রন্থি (Glands)-য়ের রূপে দেখেছিলেন আর মেডিক্যাল সায়েন্সের জন্ম দিয়েছিলেন – যেখান থেকে আধুনিক পদ্ধতিতে চিকিৎসা করার যুগের সূত্রপাত হয় আর রোগের চিকিৎসায় ঔষধির প্রয়োগ করা হতে থাকে !

দিন, গ্রহ, রাশি এবং রং-য়ের সাথে রত্নের সম্পর্ক ঃ রত্নের সাথে এগুলোর সম্পর্ক নীচের তালিকা (Table)-তে প্রদর্শিত করা হয়েছে ঃ

ক্রম	দিন	গ্রহ	রং	রাশি	রত্ন
01.	রবিবার	সূর্য	সাদা	সিংহ	মাণিক
02.	সোমবার	চন্দ্র	কমলা	কর্কট	মুক্তা
03.	মঙ্গলবার	মঙ্গল	লাল	মেষ, বৃশ্চিক	মুঙ্গা
04.	বুধবার	বুধ	সবুজ	মিথুন, কন্যা	পান্না
05.	বৃহস্পতিবার	বৃহস্পতি	হলুদ	ধনু, মীন	পোখরাজ
06.	শুক্রবার	শুক্র	নীল	বৃষ, তুলা	হীরা
07.	শনিবার	শনি	বেগুনী	মকর, কুম্ভ	নীলা

হাতের আঙুলের সাথে রত্নের সম্পর্ক ঃ হাতের বিভিন্ন আঙুলে বিশেষ প্রকারের রত্ন ধারণ করার প্রচলন রয়েছে !

হাতের প্রথম আঙুল হচেছ বৃহস্পতির ঃ এই আঙুলে পোখরাজ ধারণ করা হয় !

হাতের দ্বিতীয় আঙুল হচেছ শনির ঃ এই আঙুলে নীলা আর হীরা ধারণ

করা হয়!

হাতের তৃতীয় আঙুল হচেছ সূর্যের ঃ এই আঙুলে মাণিক আর মুঙ্গা ধারণ করা হয়!

হাতের চতুর্থ আঙুল হচেছ বুধের ঃ এই আঙুলে পান্না ধারণ করা হয়!

বাকী রত্ন আবশ্যকতা অনুসারে ধারণ করা হয়ে থাকে!

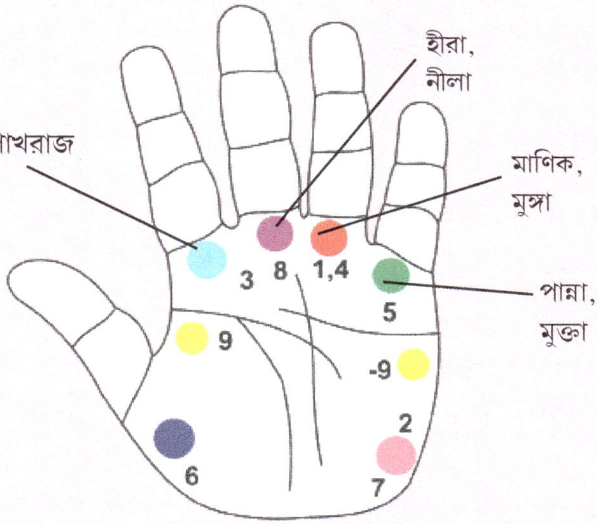

শারীরিক এনার্জী (আভা মণ্ডল)-য়ের সাথে রত্নের সম্পর্ক ঃ

মনুষ্যের শরীর এ্যাস্ট্রল এনার্জীর অধীনে কাজ করে... যেটা শরীরের চার দিকে প্রায় 30 সেমি. পর্যন্ত রঙ্গীন ক্ষেত্রে থাকে... যেটাকে আভা মণ্ডল (Aura) বা রঙ্গীন এনার্জী (Bio Luminious Energy)-র ক্ষেত্র বলা হয়! রাশিয়ান বৈজ্ঞানিকদের দ্বারা এটার চিত্র নেওয়া হয়েছে! এই এনার্জীর চিত্র গ্রহণ করার ক্যামেরাও এখন তৈরী হয়ে পড়েছে... যেটার দ্বারা আপনারা যে কোন ব্যক্তির বাহিরের এনার্জী ক্ষেত্রের ফোটো তুলতে পারবেন! এই এনার্জীর ক্ষেত্রফল শরীরে অবস্থিত চক্র অর্থাৎ গ্রন্থি (Glands)-গুলোর ওপরে নির্ভর করে! যে ব্যক্তি শারীরিক রূপে সুস্থ আর শক্তিশালী হন... তাঁর এই এনার্জী ক্ষেত্র বেশী হয় আর যে ব্যক্তি শারীরিক রূপে অসুস্থ আর দুর্বল হন... তাঁর এই এনার্জী ক্ষেত্র কম হয়! ব্যক্তি চক্র (গ্রন্থি)-র এনার্জীর সাথে বিভিন্ন গ্রহের প্রত্যক্ষ সম্পর্ক থাকে... যেটাকে সন্তুলিত রাখার জন্য রত্নের প্রয়োগ করা হয়ে থাকে! জ্যোতিষে এই সব রত্ন রাশি আর গ্রহের দিশা অনুসারে ধারণ করানো হয়... যখন কি

রত্নের ভস্ম ব্যক্তিকে ঔষধির রূপে খাওয়ানো হয়ে থাকে!

ভূচক্রে রাশির বিশেষ অংশের ওপরে দু প্রকার রং বার হওয়া ঃ

ডিগ্রী	রাশি	স্পেক্ট্রোস্কোপী রং	তত্ত্ব
0° - 30°	মেষ	হলুদ (+ve)	অগ্নি
30° - 60°	বৃষ	গাঢ় নীল (+ve)	পৃথিবী
60° - 90°	মিথুন	সবুজ (-ve)	বায়ু
90° - 120°	কর্কট	কমলা	জল
120° - 150°	সিংহ	লাল	অগ্নি
150° - 180°	কন্যা	সবুজ (+ve)	পৃথিবী
180° - 210°	তুলা	নীল (-ve)	বায়ু
210° - 240°	বৃশ্চিক	হলুদ (-ve)	জল
240° - 270°	ধনু	হাল্কা নীল (+ve)	অগ্নি
270° - 300°	মকর	বেগুনী (+ve)	পৃথিবী
300° - 330°	কুম্ভ	বেগুনী (-ve)	বায়ু
330° - 360°	মীন	নীল (-ve)	জল

মেষ আর বৃশ্চিক রাশির স্বামী হচেছ মঙ্গল... যার রত্ন হচেছ মুঙ্গা! কিন্তু মেষ হচেছ অগ্নি তত্ত্ব আর এর রং হচেছ পোজিটিভ... যখন কি বৃশ্চিক হচেছ জল তত্ত্ব আর এর রং নেগেটিভ এনার্জীর! এই প্রকারে মুঙ্গা দুটি রাশির জাতকেরা কি ভাবে ধারণ করতে পারেন? এজন্য জল তত্ত্ব বৃশ্চিক রাশির জাতকদের জন্য মুঙ্গার স্হানে কারনেলাইন বেশী লাভদায়ক হয়! এই প্রকার ধনু রাশি হচেছ অগ্নি তত্ত্ব... এই রাশির জাতকদের পোখরাজ আর মীন রাশি জল তত্ত্ব হওয়ার কারণে মীন রাশির জাতকদের ওপাল ধারণ করা লাভদায়ক হয়!

রং-য়ের এ্যাস্ট্রল এনার্জী ঃ আজ থেকে কয়েক বছর আগে বায়ো-ইনফোর্মেশন ইন্সটিটিউট অফ্ এ. এস. পোপোভ (Bio-information Institute of A. S. Popov)-য়ের বৈজ্ঞানিক টীম এটা আবিস্কার করেন যে, সকল প্রকারের জীবিত প্রাণীদের থেকে রঙ্গীন এনার্জীর তরঙ্গ বার হয়... যেটার ক্ষেত্রকে আভা মণ্ডল (Aura, Bio-field or Bio-plasma) বলা হয়!

ওনাদের এই আবিস্কারকে মেডিক্যাল সায়েন্স এ্যাকাডেমী, রাশিয়া দ্বারা প্রতিপাদিত করা হয় এবং ইংল্যাণ্ড, নেদারল্যাণ্ড, জার্মানী আর পোল্যাণ্ডের বৈজ্ঞানিকরাও সেটার পুস্টি করেন! ডাঃ হুন্ট প্রাণীদের থেকে বার হওয়া এই রঙ্গীন

এনার্জীর তরঙ্গের আবৃত্তি (Frequency) খুঁজে বার করেন আর তরঙ্গ (Wave Length)-য়ের মাপও করে ফেলেন... যেটা মেডিক্যাল সায়েন্স এ্যাকাডেমী, রাশিয়া (Medical Science Academy, Russia) দ্বারা স্বীকারও করে নেওয়া হয়েছে! সেটা হচ্ছে এই প্রকার ঃ-

নীল রং-য়ের	250 - 275 Hz
সবুজ রং-য়ের	250 - 475 Hz
হলুদ রং-য়ের	500 - 700 Hz
কমলা রং-য়ের	950 - 1050 Hz
লাল রং-য়ের	1000 - 1200 Hz
বেগুনী রং-য়ের	1000 - 2000 Hz
সাদা রং-য়ের	1100 - 2000 Hz

মনুষ্য-শরীর থেকে বার হতে থাকা এই সব তরঙ্গগুলোর আবৃত্তি বাড়ানো বা কম করার জন্য অর্থাৎ এনার্জীর সন্তুলন বজায় রাখার জন্য জ্যোতিষ বিজ্ঞানে বিভিন্ন রত্নের প্রয়োগ করা হয়ে থাকে!

রত্ন ধারণ করার বৈজ্ঞানিক পুষ্টি ঃ আজকের আধুনিক যুগে রত্নজড়িত আংটি পরাকে কেবলমাত্র মিথ্যার রূপে গ্রহণ করা হয়! কিন্তু সর্বপ্রথম রাশিয়ান বৈজ্ঞানিকেরা এর পেছনে লুকিয়ে থাকা বৈজ্ঞানিক ভিত্তিকে খুঁজে বার করেন আর জ্যোতিষ শাস্ত্র অনুসারে রত্ন ধারণ করার নিয়মের পুষ্টিও করে দেন!

রাশিয়ান বৈজ্ঞানিকেরা যখন ভারতীয় লোকেদের হাতে রত্নজড়িত আংটি পরতে দেখেন... তখন তাঁদের মধ্যে কৌতূহলের সৃষ্টি হয় যে, এর পেছনে কোন্ রহস্য লুকিয়ে রয়েছে আর হাতের আঙুলে বিশেষ প্রকারের রত্নই কেন ধারণ করা হয়ে থাকে?

রাশিয়ান বৈজ্ঞানিকদের টীম কীরীলিয়ন ফোটোগ্রাফী (Kerilian Photography) দ্বারা সর্বপ্রথম হাতের ফোটো নেন! ওনারা এটা দেখতে পান যে, হাত থেকে সাত প্রকারের রঙ্গীন এনার্জী বার হচ্ছে! হাতের প্রথম বৃহস্পতির আঙুল (তর্জনী) থেকে হাল্কা নীল রং-য়ের, দ্বিতীয় শনির আঙুল (মধ্যমা) থেকে হাল্কা বেগুনী রং-য়ের, তৃতীয় সূর্যের আঙুল (অনামিকা) থেকে লাল রং-য়ের, চতুর্থ বুধের আঙুল (কনিষ্ঠা) থেকে সবুজ রং-য়ের, চন্দ্র (Moon)-য়ের স্থান থেকে কমলা রং-য়ের, শুক্র (Venus)-য়ের স্থান থেকে গাঢ় নীল রং-য়ের আর মঙ্গল (Mars)-য়ের স্থান থেকে হলুদ রং-য়ের এনার্জী বার হয়!

এর পরে ওনারা বিভিন্ন গ্রহ থেকে বার হওয়া রঙ্গীন এনার্জীকে স্পেক্ট্রোস্কোপ (Spectroscope) দিয়ে দেখেন! সূর্য থেকে লাল, চন্দ্র থেকে কমলা, মঙ্গল থেকে হলুদ, বুধ থেকে সবুজ, বৃহস্পতি থেকে হাল্কা নীল, শুক্র থেকে গাঢ় নীল আর শনি গ্রহ থেকে বেগুনী রং! এগুলো হচ্ছে সেই স্পেক্ট্রোস্কোপী রং... যেগুলো হাতের ওপরে স্পেক্ট্রোস্কোপ দিয়ে দেখলে বার হয়! এই প্রকার হাতের ওপরে যেসব স্থানে গ্রহদের দেখানো হয়েছে, সেগুলোর পুষ্টি হয়ে পড়ল! এর পরে যখন

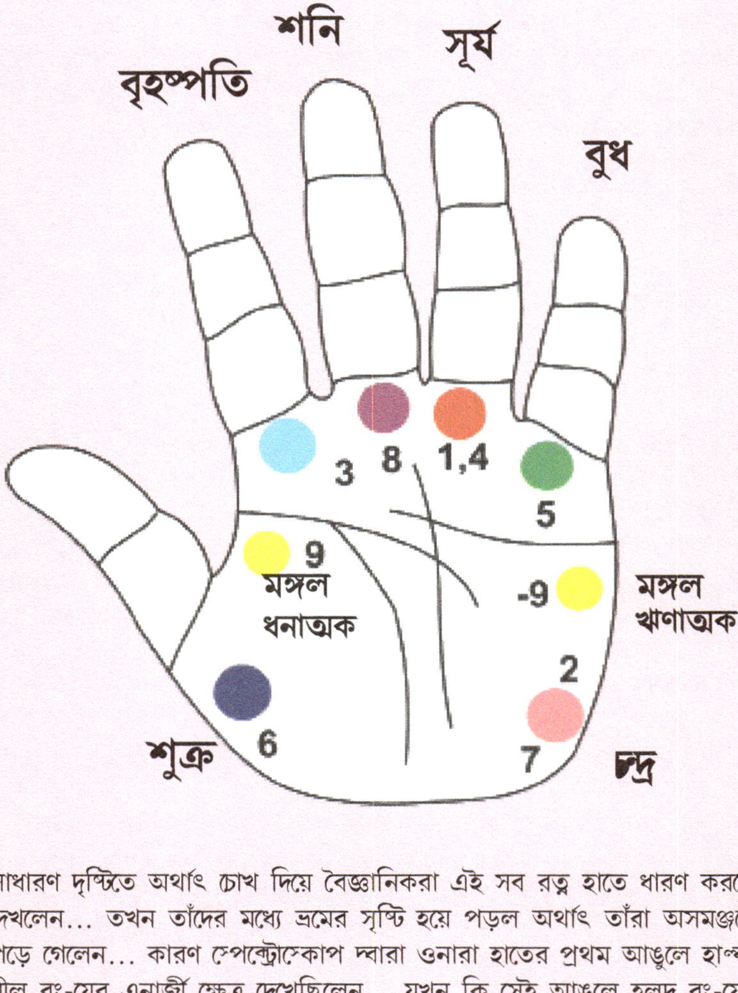

সাধারণ দৃষ্টিতে অর্থাৎ চোখ দিয়ে বৈজ্ঞানিকরা এই সব রত্ন হাতে ধারণ করতে দেখলেন... তখন তাঁদের মধ্যে ভ্রমের সৃষ্টি হয়ে পড়ল অর্থাৎ তাঁরা অসমঞ্জসে পড়ে গেলেন... কারণ স্পেক্ট্রোস্কোপ দ্বারা ওনারা হাতের প্রথম আঙুলে হাল্কা নীল রং-য়ের এনার্জী ক্ষেত্র দেখেছিলেন... যখন কি সেই আঙুলে হলুদ রং-য়ের পোখরাজ ধারণ করা হয়! এই প্রকার ওনারা সূর্যের আঙুলে লাল রং-য়ের মুঙ্গা ধারণ করতে দেখলেন... যখন কি মুঙ্গার স্পেক্ট্রোস্কোপিক রং হচেছ হলুদ! এই স্হিতিকে স্পস্ট করার ওনারা রত্নগুলোরও স্পেক্ট্রোস্কোপিক চিত্র নেন! চিত্র নেওয়ার সময় ওনারা এটা দেখতে পান যে, পোখরাজ রত্ন... যেটা খালি চোখে হলুদ রং-য়ের দেখায়... স্পেক্ট্রোস্কোপ দিয়ে দেখলে সেটা হাল্কা নীল রং-য়ের দেখায় – বৃহস্পতি গ্রহের ক্ষেত্র থেকে বার হওয়া হাল্কা নীল স্পেক্ট্রোস্কোপিক এনার্জী ক্ষেত্রের সাথে মেলে! এজন্য পোখরাজ হলুদ রং-য়ের হওয়া সত্ত্বেও হাতের প্রথম আঙুলেই ধারণ করা হয়ে থাকে! মঙ্গল গ্রহের রত্ন মুঙ্গা দেখতে লাল রং-য়ের

হয় ঠিকই... কিন্তু যখন সেটার স্পেক্ট্রোস্কোপিক চিত্র নেওয়া হল, তখন সেটাকে হলুদ রং-য়ের দেখাল! এই প্রকার বৈজ্ঞানিকদের এই ভ্রম দূর হয়ে পড়ল যে, রত্নদের যে রং খালি চোখে ধরা পড়ে, সেটা তাদের বাস্তবিক রং হয় না... বরং স্পেক্ট্রোস্কোপী রং অর্থাৎ ব্যবসায়িক রং-ই তাদের বাস্তবিক রং হয়! এই প্রকার আজ থেকে হাজার-হাজার বছর আগে জ্যোতিষ দ্বারা হাতের ওপরে দেখানো গ্রহদের স্থিতি আর সেগুলোয় ধারণ করা রত্নের পুষ্টি রাশিয়ান বৈজ্ঞানিকদের দ্বারা কীরীলিয়ন ফোটোগ্রাফী দ্বারা বৈজ্ঞানিক রূপে প্রমাণিত হয়ে পড়েছিল!

রাশি, গ্রহ আর রত্নের কস্‌মিক (স্পেক্ট্রোস্কোপিক) রং ঃ বৈজ্ঞানিকদের দ্বারা নেওয়া রাশি, গ্রহ এবং রত্নের স্পেক্ট্রোস্কোপিক রং নীচের টেবলে দেখানো হল ঃ

ক্রম	রাশি	স্বামী গ্রহ	এ্যাস্ট্রো সংখ্যা	স্পেক্ট্রোস্কোপিক রং	খালি চোখে দেখা রং
01.	মেষ	মঙ্গল	9	হলুদ	লাল
02.	বৃষ	শুক্র	6	নীল	নীল
03.	মিথুন	বুধ	-5	সবুজ	সবুজ
04.	কর্কট	চন্দ্র	2, 7	কমলা	কমলা
05.	সিংহ	সূর্য	1, 4	লাল	লাল আর হাল্কা হলুদ
06.	কন্যা	বুধ	+5	সবুজ	সবুজ
07.	তুলা	শুক্র	-6	নীল	নীল
08.	বৃশ্চিক	মঙ্গল	-9	হলুদ	লাল
09.	ধনু	বৃহস্পতি	3	হাল্কা নীল	হলুদ
10.	মকর	শনি	8	বেগুনী	বেগুনী
11.	কুম্ভ	শনি	-8	বেগুনী	বেগুনী
12.	মীন	বৃহস্পতি	-3	হাল্কা নীল	হলুদ

উপরোক্ত টেবলে যেসব রাশির সামনে ঋণাত্মক চিহ্ন (-ve) দেখানো হয়েছে... সেগুলোর ক্ষেত্র ঋণাত্মক হয়! এজন্য ঋণাত্মক ক্ষেত্রের রাশি যদি জন্ম কুণ্ডলীতে লগ্ন স্থানে পড়ে... তাহলে সেগুলোর সাথে সম্বন্ধিত রত্ন ধারণ করলে লাভ কম আর ক্ষতি বেশী হয়!

উদাহরণ হিসেবে ঃ যদি জন্ম কুণ্ডলীর রাশি মিথুন, তুলা, বৃশ্চিক, কুম্ভ আর মীন হয়... তাহলে সেগুলোর সাথে সম্বন্ধিত রত্ন পান্না, হীরা, মুঙ্গা, নীলা এবং পোখরাজ ধারণ করলে লাভ কম আর ক্ষতি বেশী হবে! সুতরাং এই সব রত্ন ধারণ করা উচিত নয়!

রাশি বৃত্তে বিশেষ অংশ বার হওয়া রঙ্গীণ ঋণাত্মক আর ধনাত্মক এনার্জী

ক্ষেত্রের চিত্র এবং তালিকা ঃ

অংশ	সংখ্যা	রং (স্পেকট্রমের)
0° - 30°	9	হলুদ
30° - 60°	6	গাঢ় নীল
60° - 90°	-5	সবুজ (ঋণাত্মক)
90° - 120°	2, 7	কমলা
120° - 150°	1, 4	লাল
150° - 180°	5	সবুজ
180° - 210°	-6	গাঢ় নীল (ঋণাত্মক)
210° - 240°	-9	হলুদ (ঋণাত্মক)
240° - 270°	3	নীল
270° - 300°	8	বেগুনী
300° - 330°	-8	বেগুনী (ঋণাত্মক)
330° - 360°	-3	নীল (ঋণাত্মক)

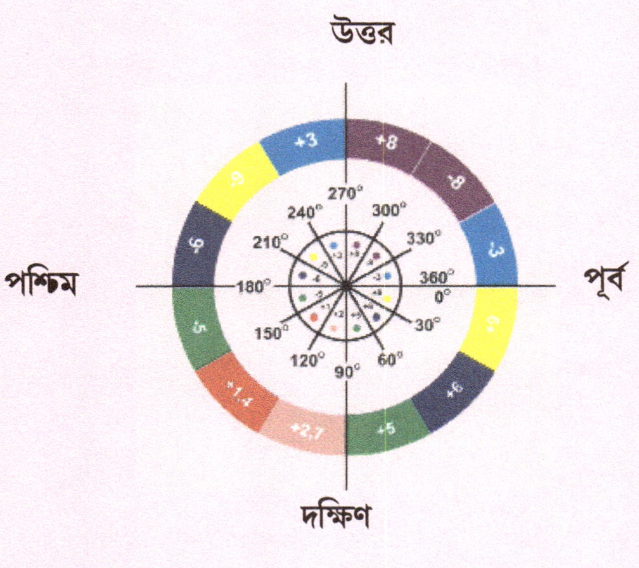

উপনিষদের শ্লোকগুলোর বৈজ্ঞানিক পুষ্টি ঃ হাজার-হাজার বছর আগে 'মুণ্ডকা উপনিষদ'-তে লেখা শ্লোকের বর্ণনা এখানে করা হচ্ছে ! চার লাইনের এই শ্লোকের কেবল দুটি লাইনের অর্থ বুঝতে বৈজ্ঞানিকদের প্রায় 300 বছর লেগে গেছে... এই শ্লোকের শেষ দুটি লাইনের অর্থ বুঝতে তাঁদের আরও কত বছর সময় লাগবে – সেটা তো আগামী ভবিষ্যতই জানাবে !

শ্লোক এই প্রকার ঃ

सप्त प्राणाः प्रभवन्ति तस्मात्,
सप्तार्चिषः समिधः सप्त होमाः।
सप्त इमे लोका येषु चरन्ति प्राणा,
गुहाशया निहिताः सप्त सप्त।।

– মুণ্ডকা উপনিষদ

সপ্ত প্রাণাঃ ঃ-	সাত প্রকারের এনার্জী (Energy)
প্রভাবত্তি ঃ-	বার হচ্ছে (Originate)
তস্মাত্ ঃ-	ব্রহ্মার থেকে (From that very pursa)
সপ্তার্চিষঃ ঃ-	সপ্তরঙ্গী আগুন (Flames)
সমিধঃ ঃ-	সাত প্রকারের শিখা (Lights)
সপ্ত হোমাঃ ঃ-	সাত প্রকারের ঘুরে বেড়াতে থাকা কণা, যার প্রতিটি কণায় ব্রহ্ম এনার্জী সমাহিত হয়ে রয়েছে (Thought to be set)
সপ্ত ইমে লোকা ঃ-	এই সাত প্রকারের সেন্সেস (Senses)
চেষু চারিত প্রাণঃ ঃ-	যাতে এই এনার্জী চরে বেড়াচ্ছে (Move about)
গুহাশয়া ঃ-	হৃদয়ে (Cavity)
নিহিতাঃ ঃ-	জমা হয়ে পড়ে (Deposited)
সপ্ত সপ্ত ঃ-	সাত প্রকারের সমূহ (In group of seven) অর্থাৎ স্পেক্ট্রমের রূপে

অর্থাৎ ঃ ব্রহ্মা পুরুষ (ব্রহ্মাণ্ড) থেকে সাত প্রকারের এনার্জী (Energy) বার হয়, সাত প্রকারের শিখা (Flames), সাত প্রকারের আলো (Light), সাত প্রকারের ঘুরে বেড়াতে থাকা কণা (Particles) বার হয়... যেগুলোর প্রতিটি কণায় এই এনার্জী (Energy) সমাহিত হয়ে রয়েছে (Thought to be set) ! সাত প্রকারের সেন্সেসের ভেতর দিয়ে গিয়ে (Move about), সাত প্রকারের সমূহ (Spectrum)-য়ের রূপে হৃদয় (Cavity)-য়ে হারিয়ে যায় !

আজ থেকে হাজার-হাজার বছর আগে লেখা 'মুণ্ডকা উপনিষদ'-য়ের এই চারটি লাইনের অর্থ বুঝতে বৈজ্ঞানিকদের 300 বছর লেগে গিয়েছিল ! তাও ওনারা এই শ্লোকের প্রথম দুটি লাইনের অর্থই বুঝতে পেরেছিলেন আর বাকী দুটি লাইনের অর্থ বোঝার প্রচেস্টা এখনও চলছে !

1704 সালে ন্যুটন নিজের আবিস্কারে বলেন ঃ

ন্যুটন (1704)

Light consist of a stream of extremely small material particle, called corpuscles and they travel through space with the velocity of light."

অর্থাৎ ঃ প্রকাশের মধ্যে প্রচুর ছোট-ছোট কণা থাকে... যেগুলো প্রকাশের গতির সাথে ঘুরে বেড়ায় !

ম্যাক্স প্লাক
(1858 - 1947)

এর পরে 1862 সালে অন্য আরেক বৈজ্ঞানিক ম্যাক্স প্লাক বলেন ঃ "Light, which exists in tiny Pakets called photons, exhibits properties of both wave and Particles.

অর্থাৎ প্যাকেটে যে প্রকাশ থাকে... সেটাকে ফোটোন্স বলা হয়... যাতে তরঙ্গ আর কণার প্রবৃত্তি পাওয়া যায় !

এ্যালবার্ট আইন্সস্টাইন
(1905)

এ্যালবার্ট আইন্সস্টাইন 1905 সালে বলেছিলেন যে, প্রকাশে যেসব ছোট-ছোট কণা থাকে... যেগুলোকে ফোটোন্স বলা হয়... সেগুলো এনার্জী হয় আর সেগুলো প্রকাশের তরঙ্গের ওপরে নির্ভর করে !

ডাঃ সি. ভি. রমন
(1930)

এর পরে ভারতীয় বৈজ্ঞানিক এবং ফিজিক্সের নোবেল পুরস্কার বিজেতা ডাঃ সি. ভি. রমন 1930 সালে এই শ্লোকের অর্থ বোঝার চেস্টা করেন! উনি বলেন ঃ
"There are seven colours in light which is called spectra ."

অর্থাৎ প্রকাশে সাত প্রকারের রং থাকে... যেগুলোকে স্পেক্ট্রম বলা হয়!

এর পরে 1970 সালে রাশিয়ান বৈজ্ঞানিক Dr. Korokov বলেন ঃ

"প্রাণীদের থেকে সাত প্রকারের রঙ্গীন এনার্জী বার হতে থাকে... যেগুলো তাদের চার পাশে আভা মণ্ডল (Aura)-য়ের রূপে দেখতে পাওয়া যায় অর্থাৎ স্পেক্ট্রমের রূপে দেখতে পাওয়া যায়!" ওনার এই বক্তব্যের পুস্টি সেমিয়োন কীরীলয়ন 'কীরীলয়ন ফোটোগ্রাফী' দ্বারা রঙ্গীন চিত্র তুলে করেন!

সেমিয়োন কীরীলয়ন
(1939)

যদি এই সব বৈজ্ঞানিকদের আবিস্কারকে এক সাথে পড়া যায়... তাহলে এই শ্লোকের প্রথম দুটি লাইনের পুস্টি হয়! প্রকাশে ছোট-ছোট কণা থাকে... যেগুলোয় সাত প্রকারের রঙ্গীন এনার্জী থাকে আর সেগুলোকে প্রকাশের গতির সাথে ঘুরে বেড়াতে দেখতে পাওয়া যায়!

কিন্তু শ্লোকের শেষ দুটি লাইন ঃ

सप्त इमे लोका शेषु चरन्ति प्राणा।
गुहाशया निहिता सप्त सप्त॥

অর্থাৎ ঃ সাত প্রকারের সেন্সেজ ঘুরে বেড়িয়ে এই এনার্জী সাত প্রকারের সমূহ (স্পেক্ট্রম)-য়ের হৃদয়ে হারিয়ে যায়!

যেদিন বৈজ্ঞানিকেরা এই শেষ দুই লাইনের অর্থ বুঝতে পেরে যাবেন অর্থাৎ এটা জেনে যাবেন যে, ব্রহ্মাণ্ড থেকে আসা এই সাত রং-য়ের এনার্জী ব্যক্তির শরীরের ওপরে কেমন প্রভাব বিস্তার করে অর্থাৎ ব্যক্তি ঠিক কি ভাবে এই রঙ্গীন এনার্জীকে গ্রহণ করে... সেদিন মেডিক্যাল সায়েন্স কম্প্যুটারাইজড্ হয়ে

পড়বে! তখন ব্যক্তির রোগের চিকিৎসা ঔষধি আর ইঞ্জেকশন দ্বারা হবে না... বরং কম্প্যুটারাইজড্ টেক্নিকে রঙ্গীন এনার্জীর তরঙ্গ দ্বারা ব্যক্তির রোগের চিকিৎসা করা হবে!

বিজ্ঞান এমনটা মানে যে, এই এনার্জীতে পরিপূর্ণ রঙ্গীন কণা প্রকাশ দ্বারা উৎপন্ন হয় আর এগুলো প্রকাশেই হারিয়ে যায়!

ভৌতিক শাস্ত্রীদের যুক্তি হচ্ছে এই যে, পদার্থের সমস্ত কণা সম্পূর্ণ রূপে অন্য কণার রূপে পরিবর্তনীয় হয়! কণাগুলোকে পুনরায় এনার্জীতেও পরিবর্তিত করা যেতে পারে! এই সব কিছু বাস্তবে কখন আর কোথায় হয়, সেটা আমরা কেউ জানি না... কিন্তু এমনটা যে হচ্ছে, আমরা সেটা জানি!

এই সম্বন্ধে আহমেদাবাদের এক সন্তের উল্লেখ করা হচ্ছে... যাঁর নাম হচ্ছে প্রহ্লাদ জানী ওরফে মাতা জী! উনি না কিছু খাওয়া-দাওয়া করেন আর না-ই মল-মূত্র ইত্যাদি ত্যাগ করেন! গত 65 বছর ধরে এই সন্ন্যাসী কোন প্রকারের অন্ন-জল গ্রহণ করেননি! 2006 সালে 45-জন ডাক্তার এবং বৈজ্ঞানিকদের এক টীম এই সন্ন্যাসীর ওপরে অনুসন্ধান কার্য চালান! ওনারা এই সন্ন্যাসীকে ক্যামেরার তত্ত্বাবধানে রাখেন এবং এটা দেখেন যে, বেশ কিছুদিন পর্যন্ত এই ব্যক্তি কিছুই গ্রহণ করেননি এবং 2010 সালে পুনরায় এই সন্ন্যাসীর ওপরে অনুসন্ধান কার্য শুরু করা হয়!

ডাক্তাররা এমন অভিমত প্রকাশ করেছেন যে, এই ব্যক্তির শরীরে প্রস্রাব তো তৈরী হয়... কিন্তু সেটা আবার একবার রক্তে পরিবর্তিত হয়ে পড়ে... যেটা এক বিরাট বড় চমৎকার!

ডাক্তারদের মতানুসার, কোন ব্যক্তি 21 দিন পর্যন্ত অন্ন-জল গ্রহণ না করে জীবিত থাকতে পারেন না! 65 বছর ধরে অন্ন-জল গ্রহণ না করে এই সন্ন্যাসীর বেঁচে থাকাটা ডাক্তারদের অবাক করে তুলেছে!

এবার বৈজ্ঞানিকরা সেই এনার্জীর খোঁজে লেগে পড়েছেন... যেটার দ্বারা এই ব্যক্তি গত 65 বছর ধরে জীবিত রয়েছেন! এই ব্যক্তি মেডিক্যাল সায়েন্সের পক্ষে এক বিরাট বড় চ্যালেঞ্জ হয়ে উঠেছেন যে, তিনি কেবলমাত্র হাওয়ার দ্বারা কি করে বেঁচে রয়েছেন?! শাস্ত্রানুসার ঋষি-মুনিরা সমাধি গ্রহণ করতেন আর অন্ন-জল ছাড়াই হাজার-হাজার বছর বেঁচে থাকতেন! তাঁদের মধ্যে সরাসরি ব্রহ্মাণ্ডীয় এনার্জী গ্রহণ করার শক্তি ছিল!

উপনিষদের শ্লোকের অন্তিম দুই লাইন হচ্ছে – **''सप्त इमे लोका शेषु चरन्ति प्राणा। गुहाशया निहिता सप्त सप्त॥''**

যদি বৈজ্ঞানিকেরা এই শ্লোকের অর্থ বুঝতে পেরে যান, তাহলে তাঁরা সেই এনার্জীকেও জানতে পারবেন... যেটার দ্বারা ব্যক্তি কিছু না খেয়েও জীবিত থাকতে পারেন!

বৈজ্ঞানিকদের পথ-প্রদর্শন ঃ উপনিষদে শরীরকে তিন ভাগে ভাগ করা হয়েছে ! প্রথম – ভৌতিক, দ্বিতীয় – স্থূল এবং তৃতীয় – সূক্ষ্ম শরীর !

এতে শরীরের 35 তত্ত্ব জানানো হয়েছে... যেগুলোর মধ্যে 16 তত্ত্ব ভৌতিক শরীরের এবং 19 তত্ত্ব স্থূল শরীরের ! সেগুলো হচেছ এই প্রকার ঃ

শরীর

ভৌতিক	**স্থূল**	**সূক্ষ্ম**
16 **তত্ত্ব**	19 **তত্ত্ব**	
01. জল	01. জ্ঞান	01. কাম
02. বীর্য	02. আত্মা	02. ক্রোধ
03. রক্ত	03. অনুভব করা	03. মোহ
04. থুথু	04. মস্তিস্ক	04. লোভ
05. প্রস্রাব	05. দেখা	05. অহংকার
06. ঘাম	06. শোঁকা	
07. হাড়	07. শোনা	
08. মাংস	08. স্বাদ	
09. নাড়ি	09. স্পর্শ করা	
10. চর্বি	10. উৎপত্তি	
11. চামড়া	11. বার হওয়া	
12. হাঁটা	12. ক্ষুধা	
13. ঘোরা	13. পিপাসা	
14. ছোটা	14. ঘুমোন	
15. সংকুচিত হওয়া	15. হওয়া	
16. বিস্তারিত হওয়া	16. একত্রিত হওয়া	
	17. সরে যাওয়া	
	18. শক্তি প্রাপ্ত করা	
	19. বয়ে যাওয়া	

মেডিক্যাল সায়েন্স ভৌতিক শরীরের 16 তত্ত্বের ওপরে কাজ করে... যখন কি এ্যাস্ট্রল শরীরের তত্ত্বগুলো জ্যোতিষের সাথে সম্বন্ধিত হয় ! সেগুলো বিভিন্ন গ্রহের এনার্জীর অধীনে থাকে এবং সেগুলোর ব্যাপারে মেডিক্যাল সায়েন্স এখনও পর্যন্ত তথ্য প্রাপ্ত করেনি ! মুণ্ডকা উপনিষদ স্পষ্ট শব্দে এমনটা বলে যে, ব্যক্তির শরীরে ব্রহ্মাণ্ডীয় এনার্জী প্রবেশ করে... বৈজ্ঞানিকদের যেটার ব্যাপারে এখনও জ্ঞান প্রাপ্ত হয়নি !

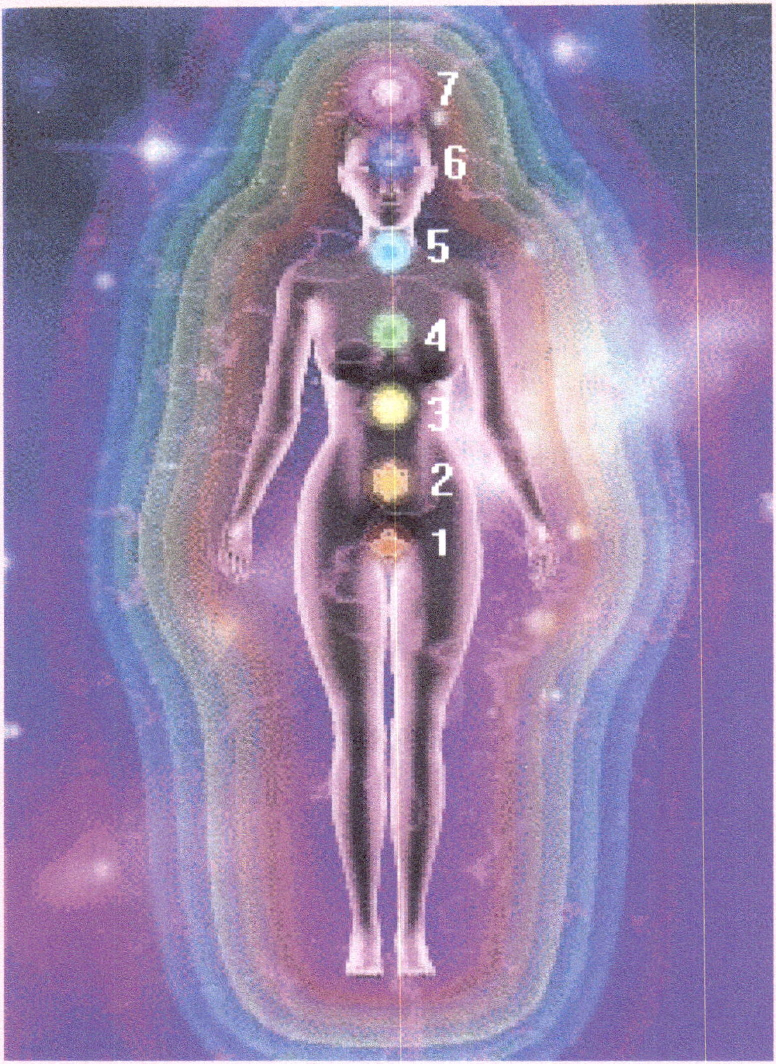
7
6
5
4
3
2
1

এমন অনেক প্রশ্ন রয়েছে... মেডিক্যাল সায়েন্সের কাছে যেগুলোর কোন উত্তর নেই! উদাহরণ স্বরূপ, শরীর গঠনের পেছনে কোন্ এনার্জী কাজ করে? শরীরের সকল অঙ্গ কোন্ এনার্জী দ্বারা তৈরী হয়? রাসায়নিক এনার্জী কাকে বলে? আমাদের পাঁচ ইন্দ্রিয় কার অধীনে কাজ করে? একটা নির্দিষ্ট বয়সে এসে পৌঁছনোর পরে শরীরের বিকাশ কেন থেমে যায়? আমাদের মেমোরী কি জিনিষ হয়? সেক্স কি হয়? পিপাসা কি জিনিষ? ক্ষুধা কি জিনিষ? ঘুম কাকে বলে? স্মৃতিশক্তি কি জিনিষ? ইত্যাদি-ইত্যাদি!

শরীরের ওপরে বিভিন্ন রত্নের প্রভাব জানার আগে শরীরের ওপরে বিভিন্ন গ্রহের প্রভাব জানাটা অত্যন্ত জরুরী হয়! আর এমনটা তখনই সম্ভব হবে... যখন বৈজ্ঞানিকরা এটা জানতে পারবেন যে, শরীর কি ভাবে বাহ্যিক এনার্জী গ্রহণ করে!

রত্ন দ্বারা রোগের চিকিৎসা ঃ বিভিন্ন গ্রহের বিভিন্ন রত্নের সাথে এবং বিভিন্ন রত্নের আমাদের শরীরের গ্রন্থি (Glands)-গুলোর সাথে প্রত্যক্ষ সম্পর্ক থাকে... যেটার ওপরে ব্যক্তির স্বাস্থ্য নির্ভর করে! যোগী পুরুষেরা যোগ দ্বারা এই সব গ্রন্থিগুলোকে ঠিক করার পরামর্শ দিয়ে থাকেন! যখন কি আয়ুর্বেদে বিভিন্ন রত্নের ভস্ম সেবন করার পরামর্শ দেওয়া হয়ে থাকে! ব্যক্তি অসুস্থ হয়ে পড়লে... রোগগ্রস্ত হয়ে পড়লে... বৃদ্ধ হয়ে পড়লে... যোগাভ্যাস না করতে পারলে তিনি যোগ দ্বারা জানানো চিকিৎসা করতে পারবেন না! কোন ব্যক্তির লিভার খারাপ হয়ে পড়লে বা পাচন শক্তি ক্ষীণ হয়ে পড়লে, তিনি ঔষধি বা ভস্ম ইত্যাদির সেবনও করতে পারবেন না! কিন্তু ব্যক্তি অসুস্থ হয়ে পড়লে... বেহুঁশীর অবস্থায় থাকলে – তখনও রত্ন দ্বারা তাঁর চিকিৎসা করা যেতে পারে... যেটা তাঁর শরীরের গ্রন্থিগুলোকে এনার্জী প্রদান করে সেগুলোর আভা বাড়িয়ে তুলবে আর স্বাস্থ্য লাভে সহযোগী প্রমাণিত হবে!

রত্ন শরীরের ওপরে এক বুস্টারের মত কাজ করে! যখন শরীরের এনার্জীর প্রয়োজন হয়... তখন রত্ন শরীরকে ব্রহ্মাণ্ডীয় এনার্জী প্রদান করে আর যখন এনার্জীর আবশ্যকতা হয় না, তখন সেটা সাধারণ অবস্থায় থাকে অর্থাৎ এটা এনার্জী নিয়ন্ত্রণ করার এক স্বয়ংক্রিয় যন্ত্র হয়! যে প্রকার এয়ার-কণ্ডিশনার আর ফ্রীজের রিলে সেগুলোর তাপমাত্রাকে নিয়ন্ত্রণ করে... ঠিক সেই প্রকার রত্ন শরীরে ব্রহ্মাণ্ডীয় এনার্জীর সন্তুলন বজায় রাখতে সহযোগী হয়!

এবার বৈজ্ঞানিক রূপে এই জিনিষটার পুষ্টি হয়ে পড়েছে যে, মনুষ্য-শরীরের ওপরে সাত চক্রের ভিন্ন-ভিন্ন প্রকারের এনার্জী থাকে! মাথার ওপরে 'সহস্রাধার চক্র' বেগুনী রং-য়ের এনার্জী, কপালে 'আজ্ঞা চক্র' নীল রং-য়ের এনার্জী, গলায় 'বিশুদ্ধি চক্র' আকাশী রং-য়ের, হৃদয়ে 'অনাহত চক্র' সবুজ রং-য়ের, পেটে 'মণিপুর চক্র' হলুদ রং-য়ের, নিতম্বে 'স্বাধিষ্ঠান চক্র' কমলা রং-য়ের এবং

গুপ্তাঙ্গে 'মূলাধার চক্র' লাল রং-য়ের এনার্জী হয়! এটা রামধনুর সাত রং-য়ের সমান হয়! ইংরাজীতে একে VIBGYOR বলা হয়! এই রং মনুষ্য-শরীরে স্পেক্ট্রোস্কোপী ক্যামেরা দ্বারা দেখা যেতে পারে! আজ থেকে হাজার-হাজার বছর আগে যোগীদের দ্বারা এই চক্রের ব্যাপারে জানানো হয়েছিল... যেটা সম্পূর্ণ রূপে বিভিন্ন গ্রহের ওপরে আধারিত!

শরীরের ওপরে এনার্জী চক্র

শরীরের অংশ	গ্রহ	গ্রন্থি	চক্র	রং	সংখ্যা
মাথায়	শনি	পীনিয়ল	সহস্রার	বেগুনী	8
কপালে	শুক্র	পিট্যুটরী	আজ্ঞা	নীল	6
গলায়	বৃহস্পতি	থায়রয়েড	বিশুদ্ধি	আকাশী	3

শরীরের ওপরে এনার্জী চক্র

হৃদয়ে	বুধ	থায়মস	অনাহত	সবুজ	5
পেটে	মঙ্গল	প্যাংক্রিয়াজ	মণিপুর	হলুদ	9
নিতম্বে	চন্দ্র	এড্রেনল	স্বাধিষ্ঠান	কমলা	2, 7
গুপ্তাঙ্গে	সূর্য	গোনাডস	মূলাধার	লাল	1, 4

বিভিন্ন রত্নের আভা মণ্ডল (Aura) ঃ আজ থেকে হাজার-হাজার বছর আগে উপনিষদগুলোয় এমন বর্ণনা করা হয়েছিল যে, প্রত্যেক বস্তু – তা সেটা প্রাণী হোক্, জানোয়ার হোক্, পক্ষী হোক্, ফল হোক্ বা সব্জী হোক্ –সেগুলোর বাইরের দিকে এক কোষ থাকে! উপনিষদগুলোয় এই কোষ তিন প্রকারের বলা হয়েছে – (01) প্রাণময় কোষ, (02) মনোময় কোষ এবং (03) বিজ্ঞানময় কোষ! এখানে কেবল প্রাণময় কোষের বর্ণনা করা হচ্ছে, যেটাকে আজকের যুগের বৈজ্ঞানিকরা 'আভা মণ্ডল' (Aura)-র রূপে জানেন!

বিভিন্ন রত্নের চার পাশে এক এনার্জী ক্ষেত্র থাকে... যেটাকে বেদে 'প্রাণ' আর আধুনিক যুগে 'আভা মণ্ডল' বলা হয়েছে! এই আভা মণ্ডল-ই বিভিন্ন রত্নের শক্তি হয়! আভা মণ্ডল যত বড় হয়... তার শক্তি তত বেশী হয় অর্থাৎ রত্নের বিশেষত্ব (Quality) এই আভা মণ্ডলের ওপরে নির্ভর করে! রত্নের ব্যাপারে জ্ঞান রাখা ব্যক্তি, রত্ন হাতে নিয়েই এটা বলে দিতে পারেন যে, কোন রত্নের এনার্জী ক্ষেত্র বেশী, না কম?

রত্ন ধারণ করার নিয়ম ঃ রত্ন ধারণ করার আগে সেটার আভা মণ্ডলের ওপরে বিশেষ দৃষ্টি দেওয়া অত্যন্ত আবশ্যক হয়! রত্নের আভা মণ্ডলের রং অর্থাৎ রঙ্গীন এনার্জী আর হাতের আঙুল থেকে বার হওয়া রঙ্গীন আভা মণ্ডলের সাথে সামঞ্জস্য বজায় রেখে রত্ন ধারণ করা উচিত... একমাত্র তাহলেই লাভ প্রাপ্ত হবে! ভুল আঙুলে ভালো রত্ন ধারণ করলেও লাভের জায়গায় ক্ষতিই হয়!

উদাহরণ হিসেবে, নীলার আভা মণ্ডল হচেছ 'বেগুনী' আর শনির আঙুলের আভা মণ্ডলও বেগুনী হয়! এজন্য নীলা কেবলমাত্র শনির আঙুলেই ধারণ করা উচিত... অন্যথা ক্ষতি হবে! এই প্রকার পোখরাজ সর্বদা বৃহস্পতির আঙুলে ধারণ করা উচিত! সেটা শনির আঙুলে ধারণ করলে ক্ষতি হবে... কারণ এই দুটো আঙুলের আভা মণ্ডলের মধ্যে সমানতা নেই! আঙুল আর বিভিন্ন রত্নের আভা মণ্ডলের বিস্তৃত বর্ণনা এই পুস্তকের পৃষ্ঠা সংখ্যা 23-তে দেওয়া হয়েছে! সেই অনুসারেই রত্ন ধারণ করা উচিত!

এই প্রকার অন্যান্য গ্রহগুলোর সাথে সম্বন্ধিত রত্ন বা বস্তুর প্রয়োগও অত্যন্ত সাবধানতা পূর্বক করা উচিত!

শরীরের সাথে রত্ন স্পর্শ করা ঃ প্রচীন কাল থেকে এমন মান্যতা চলে আসছে যে, রত্ন ধারণ করার সময় সেটা শরীরের সাথে অবশ্যই স্পর্শ করা উচিত! কিন্তু বেদ আর শাস্ত্রগুলোয় এমন উল্লেখ কোথাও দেখতে পাওয়া যায় না! এমনটা জ্যোতিষিদের নিজস্ব পরামর্শ বলেই মনে হয়! আজ থেকে বেশ কয়েক হাজার বছর আগেই উপনিষদে এমনটা স্পষ্ট লেখা ছিল যে, প্রত্যেক বস্তুর চার পাশে কোষ (আভা মণ্ডল) থাকে... যেটার পুষ্টি কয়েক হাজার বছর পরে এখন Aura-র রূপে হয়ে পড়েছে! আগে রেডিয়ো বা টেলিফোনের তার বিদ্যুতের স্যুইচে লাগালেই বিদ্যুৎ আসত... কিন্তু বিজ্ঞানের উন্নতির পরে তেমনটা আর জরুরী থাকেনি! ট্রাঞ্জিস্টর রেডিয়ো, মোবাইল ফোন ইত্যাদি এখন তার ছাড়াই কাজ করে! ঠিক সেই প্রকার বিভিন্ন রত্নের আভা মণ্ডল যখন আঙুলের আভা মণ্ডলকে স্পর্শ করে... তখন রত্নের প্রভাব হাতের আঙুলের আভা মণ্ডলের মধ্যে সমাহিত হয়ে পড়ে! এজন্য রত্নের শরীরকে স্পর্শ করাটা আবশ্যক নয়!

রত্নের প্রভাবকে স্হানান্তরণ করা ঃ রাবণের জ্যোতিষ অনুসারে বিভিন্ন গ্রহের প্রভাবকে অন্য ভাবে স্হানান্তরিত করার উল্লেখ 'লাল কিতাব'-তে পাওয়া যায়! সেই জ্যোতিষ অনুসারে গ্রহ সম্বন্ধীয় বস্তুগুলোর জ্ঞান না থাকলে সেগুলোর সাথে খেলা করবেন না... কারণ এমনটা করলে বিভিন্ন গ্রহের প্রভাব আপনা থেকে কুণ্ডলীর অন্য ভাবগুলোয় স্হাপিত হয়ে পড়ে... যার ফলে অকারণে সমস্যা বেড়ে ওঠে! উদাহরণ হিসেবে ঃ যদি গ্রহের সাথে সম্বন্ধিত বস্তুকে বয়ে চলা জলে ভাসিয়ে দেওয়া হয়, তাহলে গ্রহ চতুর্থ ভাবে স্হাপিত হয়ে পড়ে! এজন্য যদি আপনার ঘরে নীলা পড়ে থাকে বা সেটা যদি আপনি ধারণ করার জন্য নিয়ে এসেছিলেন আর তার ফলে আপনার কোন ক্ষতি হওয়ার কারণে রাগের বশে আপনি সেটা বয়ে চলা নদীর জলে ভাসিয়ে দিয়ে থাকেন... তাহলে 'শনি'-র প্রভাব আপনার কুণ্ডলীতে চতুর্থ ভাবে স্হানান্তরিত হয়ে পড়বে! আপনার ধন-সম্পত্তির সর্বনাশ তো হবেই... তার সাথে-সাথে আপনার মাতারও কষ্ট হবে! এই প্রকার আপনি যদি নীলা খুলে বাড়ীর পূর্ব বা ঈশান কোনে রেখে দিয়ে থাকেন... তাহলে 'শনি'-র প্রভাব আপনার কুণ্ডলীর দ্বিতীয় অর্থাৎ ধন ভাবে স্হাপিত হয়ে পড়বে... যে কারণে ঘরে পয়সা টিঁকবে না আর আপনি যদি সেটাকে ধাতুর সাথে গলায় ধারণ করে থাকেন... তাহলে সেটার প্রভাব আপনার কুণ্ডলীর

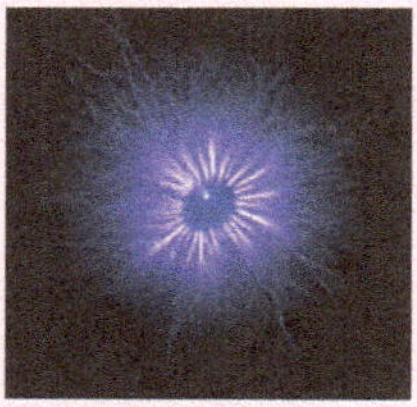

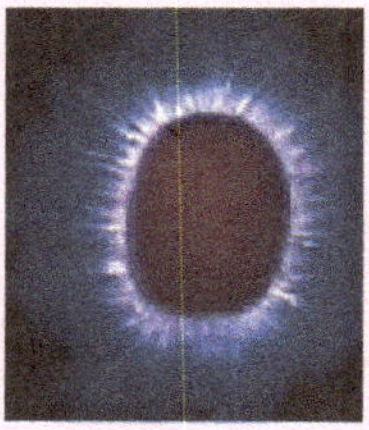

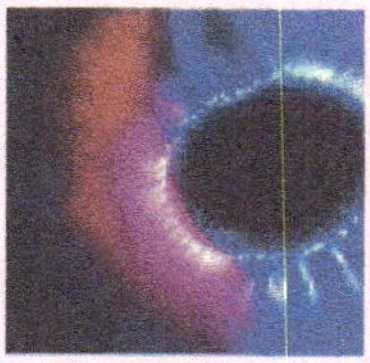

তৃতীয় অর্থাৎ পরিবারের সদস্যদের ওপরে পড়বে! পারিবারিক কষ্ট শুরু হয়ে পড়বে আর আপনি যদি রাগের বশে সেটাকে বাড়ীর দক্ষিণ-পশ্চিম কোনে গর্ত খুঁড়ে পুঁতে দিয়ে থাকেন... তালে সেটার প্রভাব আপনার কুণ্ডলীর অষ্টম ভাবে স্হানান্তরিত হয়ে পড়বে! অষ্টম ভাব আয়ু, স্বাস্থ্য এবং মৃত্যুর সাথে সম্বন্ধিত হয়... এজন্য আপনাদের শারীরিক কষ্ট ভোগ করতে হবে! এই প্রকার অন্যান্য গ্রহগুলোর সাথে সম্বন্ধিত রত্ন আর বস্তুর প্রয়োগও অত্যন্ত সাবধানতার সাথে করুন! আপনার এই বিষয়ে পূর্ণ জ্ঞান না থাকলে এমন কু-কৃত্যের থেকে দয়া করে দূরে থাকুন... অন্যথা অকারণে কষ্ট ভোগ করতে হতে পারে!

রত্ন ধারণ করার মেডিক্যাল পুষ্টি ঃ বর্তমান যুগের 'মেডিক্যাল সায়েন্স' এখন এটা স্বীকার করতে লেগেছে যে, মনুষ্য-শরীরের ওপরে বিভিন্ন রং-য়ের প্রভাব পড়ে! নীল রং-য়ের পোশাক পরলে বা নীল রং-য়ের রত্ন ধারণ করলে ব্যক্তির শরীরের রক্তচাপ (B.P.) বেড়ে ওঠে! সবুজ রং-য়ের পোশাক পরলে রক্তচাপ কমে আসে! হলুদ রং ব্যক্তিকে খিট্খিটে (Biliousness) করে তোলে এবং লাল রং-য়ের পোশাক পরলে ব্যক্তি উত্তেজিত হয়ে ওঠে ইত্যাদি!

আজকাল বিদেশেও রং চিকিৎসা (Colour Therapy)-কে অত্যন্ত বেশী গুরুত্ব প্রদান করা হচেছ! আমেরিকা, ইংল্যাণ্ড, ফ্রান্স ইত্যাদি বিকশিত দেশগুলোয় এই চিকিৎসা পদ্ধতি অত্যন্ত দ্রুত প্রচলিত হয়ে উঠছে! কোন বাচ্চা জন্ম গ্রহণ করার পরে তার জণ্ডিস রোগ হয়ে পড়লে তাকে নীল রং-য়ের আলোর নীচে রাখা হয় অর্থাৎ তাকে Blue Light Therapy প্রদান করা হয়... যেটার পেছনে মুখ্য কারণ হচেছ এটা যে, জণ্ডিস হয়ে পড়ার কারণে শরীরে যে বিলীরুবিন নামক রসায়নের মাত্রা বেড়ে ওঠে... তার কারণে রক্তের লাল রং-য়ের সেলস্ ভেঙে পড়তে থাকে আর এর ফলে কখনো-কখনো মৃত্যু পর্যন্ত হয়ে পড়ে! নীল রং শরীরে বিলীরুবিনের বেড়ে ওঠা মাত্রাকে কম করে তোলে!

এখন ডাক্তারী রূপেও এই জিনিষটার পুষ্টি হয়ে পড়েছে যে, ব্যক্তির স্বাস্থ্যের ওপরে বিভিন্ন রং-য়ের প্রভাব পড়ে! যখন কি বৈজ্ঞানিকেরা ব্যক্তির শরীরের ওপরে পড়তে থাকা বিভিন্ন রত্নের প্রভাব সম্বন্ধে এখনও অনভিজ্ঞ!

ভবিষ্যবাণী

আগত ভবিষ্যতে এই মেডিক্যাল সায়েন্স এ্যাস্ট্রো ফিজিশিয়ানের কাছে চলে যাবে! রোগের চিকিৎসা রঙ্গীন এনার্জী (Colourful Vibratory Energy) দ্বারা করা হবে! ব্যক্তির আর ভৌতিক (Physical) রূপে প্রাপ্য ঔষধি বা তরল পদার্থ (Liquid) সেবন করার আবশ্যকতা হবে না! এমন কি হাত-পা বা শরীরের কোন অংশ ভেঙে গেলে সেখানে প্লাস্টার চড়ানোর আবশ্যকতা হবে না! বরং ব্যক্তির ভাঙা (Fracture) ভাগকে কম্প্যুটার স্ক্রীণে দেখে তার শরীরের সেই অংশের ওপরে এমন রঙ্গীন তরঙ্গ ফেলা হবে যে, ব্যক্তির শরীরের ভাঙা অংশ

তৎক্ষনাত ঠিক হয়ে পড়বে! ব্যক্তিকে নিজের শরীরের ভাঙা অংশের ওপরে 2 - 3 মাস পর্যন্ত প্লাস্টার চড়িয়ে রাখতে হবে না! শরীরে টিউমার, হৃদয়, কিড্নী ইত্যাদি রোগ সাধারণ রূপে রং চিকিৎসা (Colour Therapy) দ্বারা ঠিক করে দেওয়া হবে! তখন লোকেরা বর্তমান যুগের প্রচলিত মডার্ন মেডিক্যাল সায়েন্সকে নিয়ে হাসাহাসি করবে! শুরুতে তো এই চিকিৎসা যথেস্ট খরচসাপেক্ষ প্রমাণিত হবে... কিন্তু কয়েক বছরের মধ্যে এই চিকিৎসা যথেস্ট সস্তা হয়ে উঠবে... যেমন – মোবাইল ফোন!

রত্নের প্রাণ প্রতিষ্ঠা ঃ যে প্রকার বিভিন্ন গ্রহের চিকিৎসার জন্য ব্যক্তি বিশেষ গ্রহ সম্বন্ধীয় দিনের ব্রত রেখে অর্থাৎ সেই দিন উপবাস রেখে এবং সেই দিনের সম্বন্ধিত গ্রহের মন্ত্রের উচ্চারণ আর পূজা-পাঠ করে সেই দিনের গ্রহের এনার্জীর সন্তুলনকে নিজের অনুকূল করে নেন... ঠিক সেই প্রকার ব্যক্তি গ্রহের দিন অনুসারেই বিভিন্ন রত্ন ধারণ করেন! যেমন মঙ্গলবার – মুঙ্গা, বৃহস্পতিবার – পোখরাজ, বুধবার – পান্না, শুক্রবার – হীরা এবং শনিবার – নীলা ধারণ করা হয়! যদি রত্ন ধারণ করার আগে সেই দিনের মন্ত্রের জপ করে নেওয়া হয়... তাহলে রত্নের মধ্যে সেই দিনের সাথে সম্বন্ধিত গ্রহের এনার্জীর নিবাস হয়ে পড়ে অর্থাৎ রত্ন সেই বিশেষ দিনের এনার্জী গ্রহণ করে আরও বেশী প্রভাবশালী হয়ে ওঠে – একেই রত্নের প্রাণ প্রতিষ্ঠা বলা হয়! উদাহরণ স্বরূপ, 'মাণিক' (Ruby) রত্ন সূর্যের রত্ন হয়; এজন্য এটা ধারণ করার আগে এটার প্রাণ প্রতিষ্ঠা সূর্য মন্ত্র দ্বারা করা হয়ে থাকে! অর্থাৎ রবিবার দিন প্রাতঃকালে সূর্য উদয় হওয়ার পরে প্রায় 45 মিনিটের মধ্যে 108-বার সূর্য মন্ত্র 'ওঁ সূর্যায় নমঃ'-য়ের জপ করা হয়ে থাকে অর্থাৎ এক মালার জপ করা হয়ে থাকে... কারণ মালায় 108-টিই মনকা থাকে! তার পরেই মাণিক রত্ন সূর্যের আঙুলে ধারণ করা হয়ে থাকে! বিভিন্ন রত্নের শুভ ফল প্রাপ্ত করার জন্য রত্ন সর্বদা শুক্ল পক্ষেই ধারণ করা উচিত!

সারাংশ ঃ ব্রহ্মাণ্ডে ঘুরে বেড়াতে থাকা স্যাটেলাইট (গ্রহ) ব্রহ্মাণ্ড থেকে পৃথিবীতে পোজিটিভ আর নেগেটিভ এনার্জী পাঠানোর কাজ নিরন্তর রূপে করে চলেছে আর এই এনার্জীকে আবশ্যকতা অনুসারে বেশী বা কম মাত্রায় প্রাপ্ত করার জন্যই বিভিন্ন রত্নের প্রয়োগ করা হয়ে থাকে! পারদর্শী (Transparent) রত্ন এনার্জীর মাত্রাকে নিজের ভেতর দিয়ে যেতে দেয় আর সেটার রোটেশনকে বাড়িয়ে তোলে... যখন কি অ-পারদর্শী (Opaque) রত্ন এনার্জীকে পুনরায় ফেরত পাঠিয়ে দেয়! এই প্রকারে জ্যোতিষে ব্রহ্মাণ্ডীয় এনার্জীর সন্তুলন বজায় রাখার বিভিন্ন রত্নের বিশেষ গুরুত্ব রয়েছে!

রাশি রত্ন

মাণিক
(Ruby)

ল্যাটিন শব্দ রুবেনস (Rubens)... যার অর্থ হচ্ছে লাল (Red)... তার ওপরে এর নামকরণ করা হয়েছে ! এই রত্ন সূর্যকে প্রদর্শিত করে এবং এটা সিংহ (Leo) রাশির সাথে সম্বন্ধিত হয় ! সূর্য, সিংহ রাশির স্বামী হয়... এজন্য সিংহ রাশির জাতকদের পক্ষে এই রত্ন 'জীবন-রত্ন' হয় ! যেসব ব্যক্তির জন্ম মাসের 1, 10, 19 এবং 28 তারিখে হয়েছে... তাঁরাও এই রত্ন ধারণ করতে পারেন ! যেসব ব্যক্তি 21-শে জুলাই থেকে 20-শে আগস্টের মধ্যে জন্মগ্রহণ করেছেন... তাঁরাও এই রত্ন ধারণ করতে পারেন... কিন্তু তাঁদের জন্ম যেন 6, 15, 24: 8, 17, 26: 7, 16, 25 এবং 4, 13, 22, 31 তারিখে না হয় !

পেশা (Profession) ঃ এনারা সাধারণতঃ প্রশাসনিক কার্য, সরকারী কার্য এবং সরকারের সাথে সম্বন্ধিত কার্যের সাথে যুক্ত হয়ে থাকেন !

স্বাস্থ্য (Health) ঃ এটা শরীরে 'মূলাধার চক্র' (Gonads Gland)-য়ের সাথে সম্বন্ধিত রোগের সাথে যুক্ত হয়ে থাকে... যেগুলোর মধ্যে মুখ্য হচ্ছে – চোখ বা হাড়ের রোগ, হৃদয় এবং ধমনীর সাথে সম্বন্ধিত রোগ ! এই রত্ন শরীরে বাত, পিত্ত আর কফকে ঠিক করার জন্য ধারণ করা হয় ! আয়ুর্বেদে মাণিকের ভস্মের প্রয়োগ ঔষধির রূপে করা হয়ে থাকে !

উৎস (Sourse) ঃ এই রত্ন পূর্ব আফ্রিকা (East Africa), উত্তর পাকিস্তান (North Pakistan), তাজিকিস্তান (Tazhikistan), লাওস (Laos), নেপাল (Nepal), আফগানিস্তান (Afganistan), কেনিয়া (Kenya), তাঞ্জানিয়া (Tanzania), শ্রী লঙ্কা (Sri Lanka), ভারতবর্ষে মহীশূর (Mysore), ওড়িশা (Orrisa) এবং মুখ্য রূপে বার্মা (Burma)-তে পাওয়া যায় !

মাণিকের নামকরণ ঃ এর নামকরণ সংস্কৃত শব্দ 'কুরুরিণ্ডা'-র ওপরে 'কোরণ্ডম' (Corundum) রাখা হয়েছে ! একে আরও বেশ কিছু নামে ডাকা হয়ে থাকে, যেগুলো হচ্ছে এই প্রকার ঃ

এডিলেড মাণিক (Adelaide Ruby)

আমেরিকান মাণিক (American Ruby)

আরিজোনা মাণিক (Arizona Ruby)

বোহেমিয়ন মাণিক (Bohemian Ruby)

ক্যালিফোর্নিয়া মাণিক (California Ruby)

কেপ মাণিক (Cape Ruby)

কোলোরাডো মাণিক (Colorado Ruby)

ইলাহি মাণিক (Elie Ruby)

মোন্টান মাণিক (Montan Ruby) ইত্যাদি !

এছাড়া অন্যান্য কিছু লাল রং-য়ের পাথরকে 'মাণিক'-য়ের মিথ্যা (False) নাম প্রদান করা হয়েছে... যখন কি সেগুলো বাস্তবিক 'মাণিক' নয় ! কিন্তু দামে সস্তা হওয়ার কারণে সেগুলোর প্রয়োগ 'মাণিক'-য়ের স্থানে সমরূপ (Substitute)-য়ের রূপে করা হয়ে থাকে ! সেই সব লাল পাথর হচ্ছে নিম্নরূপ ঃ

আলম্যাণ্ডইন গারনেট (Almandine Garnet)

রোজ ক্যোয়ার্টজ্ (Rose Quartz)

গোলাপী থেকে হলুদ-লাল স্পাইনাল (Pink to pale-red Spinal)

গোলাপী টোপাজ (Pink Topaz)

ক্যুপ্রিট, কপার মাণিক (Cuprite, Copper Ruby)

গারনেট (Garnet)

সিন্থেটিক মাণিক (Synthetic Ruby)

রেড স্পাইনাল (Red Spinal)

রেড তুর্মলিন (Red Tourmaline)

মাণিকের বিভিন্ন প্রকার (Varieties) ঃ বার্মী মাণিক (Burmi Ruby), পায়রার রক্তের মত (Pigeon's Blood), লাল মাণিক (Red Ruby), স্টার মাণিক (Star Ruby), বেড়ালের চোখের মত মাণিক (Cat's Eye Ruby) ইত্যাদি !

এখানে 'স্টার রুবী'-র কিছু প্রকারের ব্যাপারে জানানো হচ্ছে... যেগুলো এই প্রকার ঃ স্টার ক্যোয়ার্টজ (Star Quartz), স্টার ওপাল (Star Opal), স্টার স্যাফায়ার (Star Sapphire), স্টার মুনস্টোন (Star Moonstone), স্টার স্পাইনাল (Star Spinal), মিডনাইট স্টার রুবী (Midnight Star Ruby) !

মাণিক (Ruby)-য়ের রং ঃ চমকালো লাল (Bright Red), ধূসর লাল (Brownish Red), গোলাপী লাল (Purple Red) এবং গাঢ় লাল (Dark Red) !

রাসায়নিক গুণ (Chemical Properties) ঃ রসায়ন শাস্ত্র অনুসার কোরণ্ডম (Corrundum) শুদ্ধ এ্যালুমিনা হয় ! এটা এ্যালুমিনিয়াম (Aluminium) ধাতুর অক্সাইড (Al_2O_3) হয় ! এতে 53.2% ধাতু এবং 46.8% অক্সিজেন থাকে ! খাঁটি মাণিকে এ্যালুমিনিয়াম ঃ 97.32%, আয়রণ অক্সাইড ঃ 1.09%, সিলিকা ঃ 1.21% থাকে ! সব মিলিয়ে এটা 99.62% খাঁটি হয় !

মজবুতী (Hardness) ঃ 9 ব্রীটিল (ভাঙার শক্তি) হয় !

চমক (Luster) ঃ এর গুণবত্তা অনুসারে হয় !

স্পেসিফিক গ্রাভিটি (Specific Gravity) ঃ 3.94 থেকে 4.08 !

মিশ্রণশীলতা (Solubility) ঃ হয় না !

রিফ্রেকটিভ ইন্‌ডেক্স (Refractive Index) ঃ 1.763

গুলে যাওয়ার তাপমাত্রা (Melting Point) ঃ 2044 ডিগ্রী সেলসিয়াস !

খাঁটি 'মাণিক'-কে যখন ধীরে-ধীরে গরম করা হয়... তখন সেটা ভেঙে যায় না ! ঠাণ্ডা হওয়ার পরে সেটা সাদা হয়ে ওঠে ! তারপর সবুজ আর তারপর নিজের আসল রং-য়ে ফিরে আসে !

মাণিকের সমরূপ
(Duplicate of Ruby)

মাণিক (Ruby)-য়ের স্থানে বেশীর ভাগ মাণিকের সমরূপ রত্ন মাণিকের বেশ কয়েক প্রকারের নামে পাওয়া যায়... যেগুলো বাস্তবে আসল মাণিক হয় না! বাজারে মুখ্য রূপে মাণিকের নামে বিক্রী হতে থাকা রত্নের ব্যাপারে এখানে আপনাদের তথ্য প্রদান করা হচ্ছে... যেগুলো হচ্ছে নিম্ন প্রকার ঃ

গারনেট (Garnet) ঃ এটা বেশীর ভাগ গাঢ় লাল রং-য়ের হয়! এটা কেবলমাত্র রত্নই হয় না... বরং এটা বেশ কিছু মিনারেলের সমূহে পাওয়া যায়... যার রাসায়নিক এবং ভৌতিক গুণ গারনেটের সাথে মেলে! এখানে ছয় (six) প্রকারের গারনেটের বর্ণনা করা হচ্ছে ঃ

01. পাইরোপ (Pyrope)
02. আলমাণ্ডাইন (Almandine)
03. স্পেসারটাইন (Spessartine)
04. গ্রোসুলার (Grossular)
05. এনড্রাডাইট (Andradite)
06. য়ুভারোভাইট (Uvarovite)

01. পাইরোপ (Pyrope) গারনেট ঃ এটা হচ্ছে গারনেটের অত্যন্ত প্রচলিত প্রকার! এর রক্তের মত লাল রং একেবারে মাণিকের মত লাগে... কারণ এটা অত্যন্ত পরিস্কার-পরিচ্ছন্ন পাথর হয়! এটা গোলাপের লাল রং থেকে শুরু করে বেগুনী রং পর্যন্ত বিভিন্ন প্রকারে পাওয়া যায় এবং এগুলোকে রোডোলাইট (Rhodolite) নামে জানা যায়! যখন কি রোডোলাইট পাইরোপের খাঁটি প্রকার হয় না!

পাইরোপের রাসায়নিক এবং ভৌতিক গুণ ঃ

ধাতু ঃ পাইরোপ (Pyrope)

রাসায়নিক সম্মিশ্রণ (Chemical Composition) ঃ $Mg_3Al_2SI_2O_{12}$

রং (Colour) ঃ গাঢ় লাল, লালচে কালো, গোলাপের লাল রং থেকে শুরু করে বেগুনী রং পর্যন্ত!

মজবুতী (Hardness) : 6.5 - 7.5

স্পেসিফিক গ্রাভিটি (S.G.) : 3.5 - 3.6

রিফ্রেকটিভ ইনডেক্স (R.I.) : 1.78 - 1.81

পাইরোপ গারনেটকেই বাজারে মাণিক বলে অনেক প্রকারের নামে বিক্রী করা হয় আর লোকেরা প্রায়ই এটাকে মাণিক মনে করে কেনেন... যখন কি

এটা বাস্তবিক মাণিক হয় না! মাণিক বলে লোকেদের ধোঁকা দেওয়া কিছু নাম হচ্ছে এই প্রকার ঃ

- এডিলেড মাণিক (Adelaide Ruby)
- আমেরিকান মাণিক (American Ruby)
- আরিজোনা মাণিক (Arizona Ruby)
- অস্ট্রেলিয়ান মাণিক (Australian Ruby)
- বোহেমিয়ন মাণিক (Bohemian Ruby)
- ক্যালিফোর্নিয়া মাণিক (California Ruby)
- কেপ মাণিক (Cape Ruby)
- কোলোরাডো মাণিক (Colorado Ruby)
- ইলাই মাণিক (Elie Ruby)
- মোন্টান মাণিক (Montan Ruby)
- রক মাউন্টেন মাণিক (Rock Mountain Ruby)!

গারনেট (যেটা সাধারণতঃ পাইরোপ হয়) সেটার প্রচীন নাম কারবঙ্কল নামেও পরিচিত!

02. আলমাণ্ডাইন (Almandine) গারনেট ঃ এটা হচ্ছে দ্বিতীয় নম্বরের গারনেট! এটা গাঢ় লাল রং থেকে ধূসর লাল রং-য়ের হওয়া সত্ত্বেও বাজারে একে মাণিক নামেই বিক্রী করা হয়ে থাকে!

আলমাণ্ডাইনের রাসায়নিক এবং ভৌতিক গুণ ঃ

ধাতু ঃ আলমাণ্ডাইন (Almandine)

রাসায়নিক সম্মিশ্রণ (Chemical Composition) ঃ $Fe_3Al_2SI_3O_{12}$

রং (Colour) ঃ গাঢ় লাল থেকে শুরু করে ধূসর লাল!

মজবুতী (Hardness) : 6.5 - 8.5

স্পেসিফিক গ্রাভিটি (S.G.) : 4.3

রিফ্রেকটিভ ইনডেক্স (R.I.) : 1.73 - 1.76

এর অন্যান্য নাম (Synonyms) এই প্রকার ঃ

- আলমাণ্ডাইন (Almandine)
- ওরিয়েন্টাল গারনেট (Oriental Garnet)
- এলবনডাইন গারনেট (Alabandine Garnet)
- অমূল্য গারনেট (Precious Garnet)

(এটা গাঢ় লাল রং-য়ের পারদর্শী (Transparent) আলমাণ্ডাইন হয়)

এই সব পাথরও বাজারে মাণিকের নামে বিক্রী হয়!

03. স্পেসারটাইন (Spessartine) গারনেট ঃ এটা হচেছ তৃতীয় নম্বরের গারনেট! এর বাস্তবিক রং কমলা (Orange) হয়… কিন্তু এতে আয়রণের মাত্রা বেশী থাকার কারণে এটা লাল-ধূসর বা ধূসর দেখায়! এর মধ্যে এক প্রকার হচেছ গ্রেপ গারনেট (Grape Garnet)… যেটার রং লাল-ধূসর থেকে শুরু করে বেগুনী গারনেটের মত হয়! এটা দেখতে কম পারদর্শী হয়! একে স্পেসারটাইন (Spessartine) আর আলমাণ্ডাইন (Almandine)-য়ের মাঝের পাথর হিসেবে মানা হয়ে থাকে

স্পেসারটাইনের রাসায়নিক এবং ভৌতিক গুণ ঃ

ধাতু ঃ স্পেসারটাইন (Spessartine)

রাসায়নিক সম্মিশ্রণ (Chemical Composition) ঃ $Mn_3Al_2SI_3O_{12}$

রং (Colour) ঃ ধূসর, কমলা, গোলাপী, ধূসর-লাল!

মজবুতী (Hardness) : 7

স্পেসিফিক গ্রাভিটি (S.G.) : 4.2

রিফ্রেকটিভ ইনডেক্স (R.I.) : 1.795 - 1.815

এর অন্যান্য নাম (Synonyms) এই প্রকার ঃ

- স্পেসারটাইট (Spessartite)
- মালায়া গারনেট (Malaia Garnet)

04. গ্রোসুলার (Grossular) গারনেট ঃ এই প্রকারের গারনেট বেশ কিছু প্রকারের রং-য়ে পাওয়া যায়! এর মধ্যে যেগুলোর কোন রং হয় না, সেগুলো একেবারে সাদা হয়! এতে কোন প্রকারের অশুদ্ধতা থাকে না!

গ্রোসুলারের রাসায়নিক এবং ভৌতিক গুণ ঃ

ধাতু ঃ গ্রোসুলার (Grossular)

রাসায়নিক সম্মিশ্রণ (Chemical Composition) ঃ $Ca_3Al_2SI_3O_{12}$

রং (Colour) ঃ সাদা, সবুজ, হলুদ, ধূসর, কমলা, কমলা-লাল, হাল্কা সবুজ!

মজবুতী (Hardness) : 6.5 - 7.5

স্পেসিফিক গ্রাভিটি (S.G.) : 3.6

রিফ্রেকটিভ ইনডেক্স (R.I.) : 1.738 - 1.745

এর অন্যান্য নাম (Synonyms) এই প্রকার ঃ

- গোমেদ (Hessonite) ঃ খয়েরী রং-য়ের হয়!
- ইসোনাইট (Essonite) ঃ কমলা থেকে কমলা-ধূসর!
- টসাভোরাইট (Tsavorite) ঃ পান্নার মত পারদর্শী সবুজ!

– লিউকো গারনেট (Leuco Garnet) ঃ বিনা রং-য়ের, পারদর্শী !

– রোজোলাইট (Rosolite) ঃ হাল্কা গোলাপী রং-য়ের !

– ইম্পিরীয়াল গারনেট (Imperial Garnet) ঃ হাল্কা গোলাপী !

– র‍্যাস্পবেরী গারনেট (Raspberry) ঃ লাল রং-য়ের, পারদর্শী !

– গুসবেরী (Gooseberry) ঃ সবুজ, সবুজ-ধূসর এবং হাল্কা সবুজ !

গ্রোসুলর পাথরের এক প্রকার জেড (Jade)-ও হয় ! এটা গাঢ় সবুজ রং-য়ের হয় ! এর আরও কিছু প্রকার সাউথ আফ্রিকান জেড, টারনসবাল জেড, আফ্রিকান জেড এবং গারনেট জেড-ও হয় !

05. এনড্রাডাইট (Andradite) গারনেট ঃ এটা গারনেটের মধ্যে সব থেকে চমকালো হয় আর এর প্রকাশ (Fire) ছড়ানোর (Disperse) শক্তি হীরার থেকেও বেশী হয় !

এনড্রাডাইটের রাসায়নিক এবং ভৌতিক গুণ ঃ

ধাতু ঃ এনড্রাডাইট (Andradite)

রাসায়নিক সম্মিশ্রণ (Chemical Composition) ঃ $Ca_3Fe_3+2SI_3O_{12}$

মজবুতী (Hardness) : 6.5 - 7.5

স্পেসিফিক গ্রাভিটি (S.G.) : 3.8 - 3.9

রিফ্রেকটিভ ইনডেক্স (R.I.) : 1.888 - 1.889

এর অন্যান্য নাম (Synonyms) এই প্রকার ঃ

– ডীমেনটোয়ড (Demantoid) ঃ এটা সবুজ পান্না থেকে শুরু করে সকল প্রকারের সবুজ রং-য়ের প্রকারে হয় !

– সুনেলা (Topazolite) ঃ এনড্রাডাইটের সকল প্রকারের হলুদ রং-য়ের হয় !

– মেলানাইট (Melanite) ঃ এটা এনড্রাডাইটের অপারদর্শী (Opaque) চমকালো কালো আর গাঢ় লাল রং-য়ের হয় ! এটার মজবুতী কম হয় ! হাল্কা আঘাতে ভেঙে যাওয়ার ভয় থাকে ! এজন্য অলংকারে এর প্রয়োগ কম হয় !

06. য়ুভারোভাইট (Uvarovite) গারনেট ঃ এটা হচ্ছে অত্যন্ত কম প্রচলিত রত্ন আর এটাকে কখনোই রত্নের রূপে ধারণ করা হয় না !

সমরূপ (Similar Gemstones) ঃ-

গারনেটের অনেক প্রকারের রং-য়ের প্রকার থাকার কারণে এটা সকল প্রকারের মূল্যবান রত্নের সাথে মিশে যায় ! এই কারণে আসল রত্ন চেনা মুশ্কিল হয়ে ওঠে আর বেশীর ভাগ ব্যক্তি এগুলো চেনার সময় ধোঁকা খেয়ে যান ! আপনাদের তথ্যের জন্য এখানে কিছু রত্ন দেখানো হল !

01. লাল রং-য়ের গারনেট (Red Garnet) ঃ- এই মাণিক, মেরুদণ্ডের হাড়ের মত (Spinal Ruby), কারনীলিয়ন আর রুবীলাইট (Rubylite)-য়ের সমরূপ হয়!

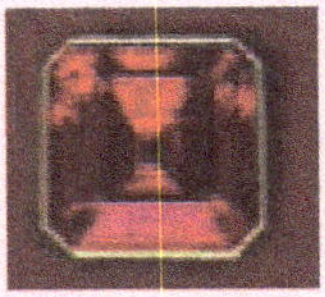

02. সবুজ রং-য়ের গারনেট (Green Garnet) ঃ- এটা পান্না, তুর্মলিন (Tourmaline), জারকন (Zircon), হিডেনাইট (Hiddenite)-য়ের সমরূপ হয়!

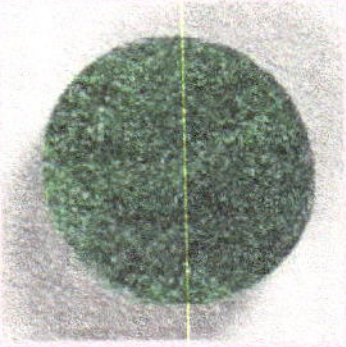

03. কমলা রং-য়ের গারনেট (Orange Garnet) ঃ- এটা সুনেলা (Topaz), ক্রাইসো বেরিল (Chryso Beryl), জারকন (Zircon), সোনালী বেরিল (Golden Beryl), সিটরিন (Citrine) এবং স্পাইনাল (Spinal)-য়ের সমরূপ হয়!

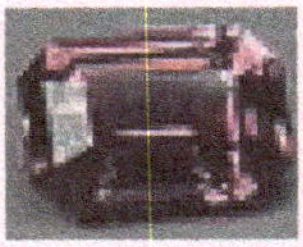

04. গোলাপী রং-য়ের গারনেট (Pink Garnet) ঃ- এটা রোজ ক্যোয়ার্টজ্ (Rose Quartz), কুনজাইট (Kunzite), স্পাইনাল (Spinal), তুর্মলিন (Tourmaline), সুনেলা (Topaz), মোরগেনাইট (Morganite) এবং গোলাপী নীলা (Pink Sapphire)-য়ের সমরূপ হয়!

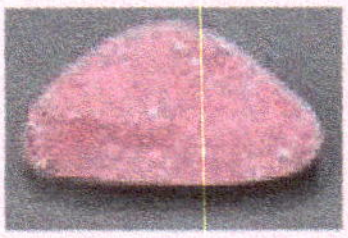

যে দুটো সব থেকে সমরূপ হয়... সে দুটো হচ্ছে জেড (Jade) আর ক্যালীফোরনাইট (Californite) গারনেট!

মাণিকের পরিবর্ত
(Substitute of Ruby)

লাল গারনেট (Red Garnet), সিন্থেটিক মাণিক (Synthetic Ruby), স্টার মাণিক (Star Ruby), লাল জিরকোনিয়া (Red Zirconia), আফ্রিকান মাণিক (African Ruby), লাল ক্রিস্টেলাইন (Red Crystalline), লাল স্যাফায়ার (Red Saffire), লাল এমেথিস্ট (Red Amethyst), লাল আয়োলাইট (Red Iolite), লাল ক্রিস্টাল (Red Crystal), লাল তুর্মিলিন (Red Tourmaline), রোজ জেম স্টোন (Rose Gem Stone), ভারন্যুয়ল সিন্থেটিক (Verneuil Synthetic), কেবোকন সিন্থেটিক (Cabochon Synthetic), লুজ চ্যাথাম (Loose Chatham) !

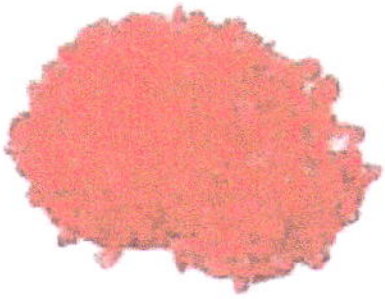
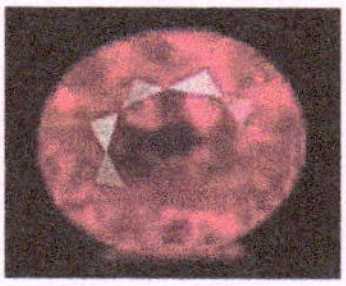

মাণিকের বিভিন্ন প্রকার
(Varieties of Ruby)

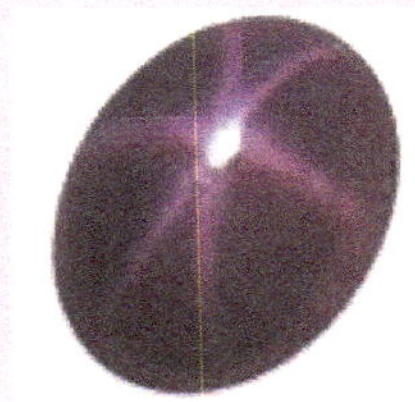

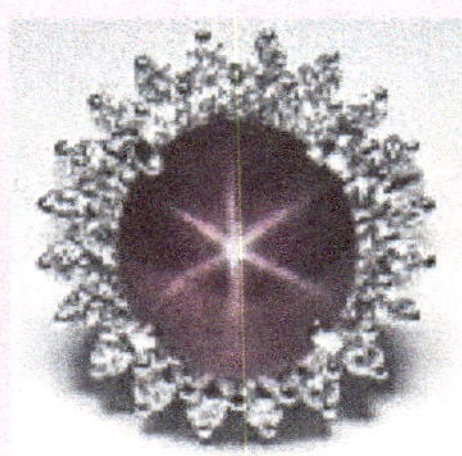
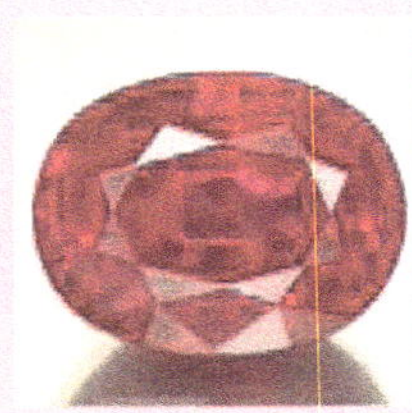

মুক্তা
(Pearl)

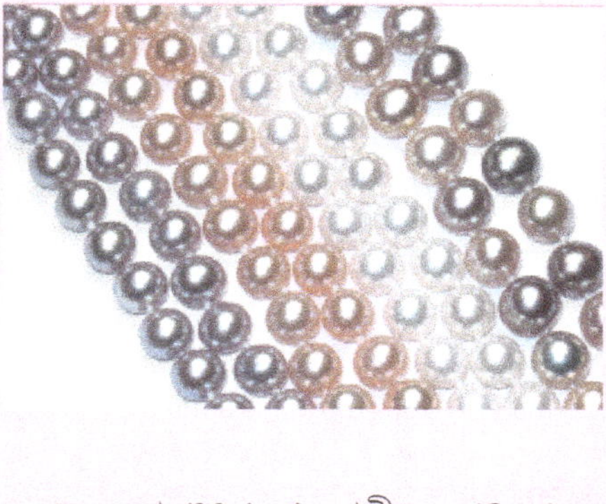

একে মুক্তা (Mukta), শশী-রত্ন (Sasi-ratna) এবং তারীকা (Tarica)-ও বলা হয়ে থাকে ! এটা অক্সিজেন আর ক্যালশিয়ামের কম্পাউণ্ড (Compound) হয় আর ক্যালশিয়াম কার্বোনেটের মত হয় ! 'স্বাতী নক্ষত্র'-য়ের সময় যখন বৃষ্টির জলের ফোঁটা সামুদ্রিক ঝিনুক (Sea Shells)-তে পড়ে... তখন সেটা মুক্তা হয়ে পড়ে ! আজকাল সামুদ্রিক ঝিনুকে বৃষ্টির জলের মত পদার্থ ঢেলে কৃত্রিম মুক্তা (Artifical Pearl) বানানো হচ্ছে !

মুক্তা রত্ন জল তত্ত্ব হয় আর এটা 'কর্কট রাশি'-র স্বামী চন্দ্রের সাথে সম্বন্ধিত হয় ! এজন্য কর্কট রাশির জাতকদের পক্ষে মুক্তা 'জীবন-রত্ন' হয় ! যেসব ব্যক্তিদের জন্ম কোন মাসের 2, 11, 20 আর 29 তারিখে হয়েছে... তাঁরাও মুক্তা ধারণ করতে পারেন ! এছাড়া যেসব ব্যক্তি 21-শে জুন থেকে 20-শে জুলাইয়ের মধ্যে

জন্মগ্রহণ করেছেন... তাঁরাও মুক্তা ধারণ করতে পারেন! কিন্তু যেসব ব্যক্তিদের জন্ম কোন মাসের 8, 17 বা 26 তারিখে হয়েছে... তাঁরা শনির সাথে সম্বন্ধিত হওয়ার কারণে মুক্তা তাঁদের পক্ষে শুভ রত্ন হয় না!

পেশা (Profession) ঃ যেসব ব্যক্তিদের কাজ জলের সাথে সম্বন্ধিত হয়, যেমন – মার্চেন্ট নেভী, জেলে, কাপড়ের কাজ করতে থাকা ব্যক্তি, দুধ, রূপো এবং জল সম্বন্ধিত অন্য কাজ করতে থাকা ব্যক্তিদের পক্ষে মুক্তা শুভ হয়!

স্বাস্থ্য (Health) ঃ শরীরে এটা স্বাধিষ্ঠান চক্র (Adrenal Gland)-য়ের সাথে সম্বন্ধিত হয়ে থাকে! এজন্য এই গ্রন্থি (Gland)-তে হওয়া সকল প্রকারের রোগে মুক্তা অত্যন্ত উপযোগী হয়! সেই সব রোগের মধ্যে মুক্তা মুখ্য রূপে রক্ত সঞ্চার, পাগলপন, গেঁটে বাত, পেট সম্বন্ধিত রোগ এবং মহিলাদের মধ্যে অণ্ডাশয় আর ফেলোপিয়ন টিউবের সাথে সম্বন্ধিত রোগে লাভদায়ক হয়! আয়ুর্বেদে এই সব রোগের চিকিৎসার জন্য মুক্তার ভস্ম সেবন করার পরামর্শ দেওয়া হয়ে থাকে! চন্দ্র ঠিক হলে মুখের কান্তি বজায় থাকে!

উৎস (Sources) ঃ মুক্তা শ্রী লঙ্কায় মন্নার খাঁড়ি, পার্শিয়ন খাঁড়ি, ভারতবর্ষে বঙ্গোপসাগরে পাওয়া যায়! এছাড়াও এটা মেক্সিকো, জাপান এবং অস্ট্রেলিয়াতেও পাওয়া যায়!

মুক্তার রং (Colours of Pearl) ঃ মুখ্য রূপে সাদা রং-য়ের মুক্তাকেই খাঁটি হিসেবে মানা হয়ে থাকে! কিন্তু এছাড়াও মুক্তা প্রায় সকল প্রকারের রং-য়ে বানানো হয়ে থাকে, যেমন – ক্রীম, গ্রে, নীল, লাল, কালো, সবুজ, হলুদ ইত্যাদি!

রাসায়নিক গুণ (Chemical Properties) ঃ

নাম ঃ মুক্তা!

মিশ্রণ (Compound) ঃ অক্সিজেন এবং কার্বন!

মজবুতী (Hardness) ঃ 3.5 - 4

তত্ত্ব ঃ জল-তত্ত্ব (H_2O)

স্পেক্ট্রোস্কোপী রং (Cosmic Colour) ঃ কমলা (Orange)

রক্ষণাবেক্ষন (Care & Cleaning) ঃ মুক্তা জল-তত্ত্ব হয়! একটু কেমিক্যালও এর ক্ষতি করতে পারে! বেশীর ভাগ ডিটারজেন্টে কেমিক্যাল থাকে... এজন্য মুক্তা পরিস্কার করার জন্য কেবল ভেজা কাপড়েরই প্রয়োগ করুন! বেশীর ভাগ ক্লীনার্সে এ্যামোনিয়া থাকে... যেটা মুক্তার পক্ষে অত্যন্ত ক্ষতিকারক হয়! এছাড়া মুক্তার মালা বা অন্যান্য অলংকার পরার সময় সেন্ট (Perfume) প্রথমে লাগিয়ে নিন... তারপর মুক্তার অলংকার পরুন! মুক্তার ওপরে সরাসরি সেন্ট বা পারফ্যুমের স্প্রে (Spray) মুক্তাকে খারাপ করে দেয়!

মুক্তার সমরূপ এবং বিভিন্ন প্রকার
(Substitute of Pearl)

চন্দ্রমণি (Moon Stone), স্ফটিক, ওপাল !

মুঙ্গা
(Coral)

মুঙ্গা কোন খনিজ পদার্থ (Mineral) হয় না ! এটা এক ধরণের অগানিক কম্পাউণ্ড (Organic Compound) হয় ! সামুদ্রিক চারাগাছের ওপরে কোরাল রীফ (Coral Reefs) জমা হয়ে পড়ার কারণে এটার সৃষ্টি হয় ! মুঙ্গা দু প্রকারের – শক্ত এবং নরম (Hard & Soft) হয় ! সামুদ্রিক তলদেশে চারাগাছের ওপরে যখন সূর্যের কিরণ পড়ে... তখন ফোটো সিংথেসিস প্রক্রিয়া (Photo Synthasis Process) দ্বারা এবং সমুদ্রের নোন্‌তা জল সামুদ্রিক চারাগাছগুলোর ওপরে জমা হয়ে পড়ায় মুঙ্গা তৈরী হয় ! এর রং এটা যেখানে পাওয়া যায়, সেই স্হান আর সেখানকার জলবায়ুর ওপরে নির্ভর করে !

জ্যোতিষ অনুসারে মুঙ্গা মেষ (Aries) এবং বৃশ্চিক (Scorpio) রাশির স্বামী মঙ্গলকে সম্বোধিত করে ! একে 'অঙ্গারকা' এবং 'ভূমিপুত্র' নামেও ডাকা হয়ে থাকে ! এটা মেষ রাশির জাতকদের পক্ষে 'জীবন-রত্ন' হয় ! মেষ রাশি অর্থাৎ ধনাত্মক মঙ্গল ! যেসব ব্যক্তির জন্ম কোন মাসের 9, 18 এবং 27 তারিখে হয়েছে... তাঁরাও এটা ধারণ করতে পারেন এবং যাঁদের জন্ম 20-শে মার্চ থেকে 21-শে

এপ্রিলের মধ্যে হয়েছে, তাঁরাও এটা ধারণ করতে পারেন! কিন্তু যেসব ব্যক্তিদের জম্ম কোন মাসের 4, 13, 22, 31 এবং 8, 17, 26 তারিখে হয়েছে... তাঁরা মুঙ্গা ধারণ করবেন না! মুঙ্গা এমন ব্যক্তিদের লাভের জায়গায় ক্ষতিই করবে!

পেশা (Profession) ঃ এই রত্ন ধারণ করা সেনা, পুলিশ, সার্জন, মেশিনে কাজ করতে থাকা ব্যক্তি, সুরক্ষা সম্বন্ধীয় কাজ করতে থাকা ব্যক্তি, কষাই, খেলোয়াড় ইত্যাদিদের পক্ষে লাভদায়ক হয়! এটা ধারণ করলে ব্যক্তির শরীর উত্তেজিত হয়ে ওঠে!

স্বাস্থ্য (Health) ঃ এটা শরীরে 'মণিপুর চক্র' (Pancreas Gland)-য়ের সাথে সম্বন্ধিত রোগে ভালো লাভ প্রদান করে! সেই সব রোগের মধ্যে মুখ্য হচেছ জণ্ডিস, খিট্‌খিটে ভাব, পাচন সংস্হানের রোগ, কোমর আর মেরুদণ্ডের হাড়ের যন্ত্রণা, হাঁটু আর পায়ের যন্ত্রণা ইত্যাদি! মেষ রাশি অগ্নি তত্ত্ব হওয়ার কারণে শরীরে গরম প্রভাব বিস্তার করে... যার ফলে শরীরে টান ভাব আর যন্ত্রণায় আরাম অনুভূত হয়! কিন্তু বৃশ্চিক রাশি জল তত্ত্ব হওয়ায় বৃশ্চিক লগ্নের ব্যক্তিদের মুঙ্গা ধারণ করা উচিত নয়! আয়ুর্বেদে এর ভস্মের প্রয়োগ করা হয়ে থাকে!

উৎস (Sources) ঃ এটা বেশীর ভাগ মেডিটেরিয়ান সমুদ্র (Mediterian Sea), রোহিত সাগর (Red Sea), পার্সিয়ন খাঁড়ি (Persian Gulf), কোস্ট অফ্ আলজেরিয়া, স্পেন, ইটালী, জাপান, অস্ট্রেলিয়া, টিউনিসিয়া এবং তাইওয়ান ইত্যাদি দেশে পাওয়া যায়!

নকল (Synthetic) মুঙ্গা ঃ এটা বেশীর ভাগ কঞ্চ শেল (Conch Shell) এবং প্লাষ্টিক, কাঠ আর মোমের মিশ্রণ দ্বারা প্রস্তুত কম্পেক্টেড পাউডার (Compected Powder)-কে মিশিয়ে তৈরী করা হয়ে থাকে! যখন কি আসল মুঙ্গা সমুদ্রের কোরাল রীফ জমা হওয়া থেকে তৈরী হয়!

রং (Colour) ঃ এর রং প্রাকৃতিক জলবায়ুর ওপরে নির্ভর করে! চীন আর জাপানে এটা লাল রং-য়ের হয়! লাল রং-য়ের মুঙ্গাকে ভালো প্রজাতির মুঙ্গা হিসেবে মানা হয়ে থাকে! এছাড়া সাদা আর গোলাপী রং-য়েরও প্রাকৃতিক মুঙ্গা হয় আর সেগুলোও শুভ ফল প্রদান করে!

রাসায়নিক গুণ (Chemical Properties) ঃ

স্পেক্ট্রোস্কোপী রং (Cosmic Colour) ঃ হলুদ (Yellow)

পারদর্শিতা (Transperancy) ঃ থাকে না (Nil)

রিফ্রেকটিভ ইন্‌ডেক্স (R.I.) ঃ 1.486 - 1.658

স্পেসিফিক গ্রাভিটি (S.G.) ঃ 2.65

রং-য়ের বিস্তার (Dispersian) ঃ 0.038

মুঙ্গার বিভিন্ন প্রকার
(Varieties of Coral)

ব্রেন মুঙ্গা (Brain Coral)	এ্যাক্রোপোরা মুঙ্গা (Acropora Coral)
স্টার মুঙ্গা (Star Coral)	পিলার্স মুঙ্গা (Pillars Coral)
রক মুঙ্গা (Rock Coral)	স্ট্যাগহর্ণ মুঙ্গা (Staghorn Coral)

01. ব্রেন মুঙ্গা (Brain Coral) ঃ এর সম্পর্ক ব্যক্তির মস্তিস্ক (Brain)-য়ের সাথে থাকে! একে ফ্যাভীডে (Favidae) নামে ডাকা হয়ে থাকে! এই নাম ফ্যাভিয়া (Favia) শব্দ থেকে এসেছে... যার অর্থ হচ্ছে কিছুটা ঝগড়ালু (Semi-aggressive)! এটা দেখতে মানুষের মাথার খুলির আকারের চারাগাছ হয়... যার ওপরে ক্যালশিয়াম কার্বোনেট (Calcium Carbonate)-য়ের পরত পড়ে থাকে... যার ফলে এর উৎপত্তি হয়! এটা মস্তিস্কীয় শক্তি বাড়ানোর কাজ করে!

02. এ্যাক্রোপোরা মুঙ্গা (Acropora Coral) ঃ এটা বেশীর ভাগ ধূসর আর সবুজ রং-য়ের হয়! এছাড়া এটা কিছুটা চমকালো রং-য়েও পাওয়া যায়! এর উৎপত্তি সূর্যের তীব্র কিরণ, জলের অত্যধিক প্রবাহ (Flow) এবং প্রায় স্হির তাপমাত্রায় হয়! চিত্র দেখুন ঃ

03. ষ্টার মুঙ্গা (Star Coral) ঃ এটা ক্যারিবিয়ান (Caribbean) সমুদ্রে পাওয়া যায়! এটা ব্যক্তির হাতের বৃদ্ধাঙ্গুষ্ঠের সমান হয়! রাতের বেলায় এটার আকার বৃদ্ধি পায় এবং দিনের বেলায় এটা আকারে ছোট হয়ে আসে! যেখান থেকে এটা বার হয়... আবার সেখানেই ফেরত চলে যায়! অর্থাৎ পুরুষ জানোয়ারদের সেক্সের মত ব্যবহার করে! এর এমন ব্যবহারের শক্তি এর ওপরে তৈরী হওয়া চমকালো স্টারের ওপরে নির্ভর করে! দিনের বেলায় মুঙ্গার চারাগাছের ওপরে এটা লাল আর গোলাপী আলোর মত দেখতে পাওয়া যায়... যখন কি রাতের বেলায় নীল / সবুজ রং-য়ের! এমনটা বলা হয়ে থাকে যে, এই রং সিনো ব্যাক্টেরিয়াল প্রোটিনের কারণে হয়! জ্যোতিষে মুঙ্গার ওপরে তৈরী হওয়া ষ্টার শুক্রের ছায়া হয়! শুক্র (Venus) সেক্সের সাথে সম্বন্ধিত হয়ে থাকে! সেক্স সম্বন্ধীয় রোগে এটা ধারণ করা লাভদায়ক হয়! এটা সম্ভোগ শক্তি বৃদ্ধি করে!

04. পিলার্স মুঙ্গা (Pillars Coral) ঃ এটা এক প্রকারের কড়া মুঙ্গার গাছ হয়! এটা পশ্চিম এ্যাটলান্টিক সমুদ্রে পাওয়া যায়! এটা জলের নীচে 20 মিটার পর্যন্ত গভীরতায় পাওয়া যায়! এটা ব্যক্তির হাতের আঙুলের আকারের হয়! এর থেকে কোন প্রকারের কোন শাখা বার হয় না! এটা সমুদ্র থেকে সরাসরি ওপরের দিকে দাঁড়িয়ে থাকে! পিঠ আর মেরুদণ্ডের যন্ত্রণায় এটা লাভদায়ক প্রমাণিত হয়!

05. রক মুঙ্গা (Rock Coral) ঃ যখন মুঙ্গার গাছ ক্যালশিয়াম কার্বোনেট (Calcium Carbonate) বার করে অর্থাৎ সীক্রীট (Secrete) করে... তখন মজবুত পাথরের মত মুঙ্গার উৎপত্তি হয়... যেটাকে আমরা রক মুঙ্গা বলি!

06. স্ট্যাগহর্ণ মুঙ্গা (Staghorn Coral) ঃ এটা হরিণের শিং-য়ের মত আকারের গাছে পাওয়া যায়... যেগুলো প্রায় 2 মিটার পর্যন্ত লম্বা হয়! এটা সমুদ্রের ওপরে এবং 30 মিটার পর্যন্ত গভীরতায় পাওয়া যায়! এটা বেশীর ভাগ দক্ষিণ আফ্রিকা (South Africa) এবং পশ্চিম মেক্সিকো (West Mexico)-র সমুদ্র তটে পাওয়া যায়! এর প্রয়োগ Genetic Probles-তে করা যেতে পারে!

মজবুতী (Hardness) ঃ 3.25 - 3.75

এটা সমুদ্রের ক্যালশিয়াম থেকে তৈরী হয়!

রক্ষণাবেক্ষন (Care & Cleaning) ঃ এটা সামুদ্রিক কাঠ থেকে তৈরী হয় আর এর ওপরে মোমের পালিশ থাকে! কেমিক্যালের সংস্পর্শে এটা খারাপ হয়ে পড়ে! এজন্য বাথরুম ক্লীনার্স ইত্যাদি দিয়ে বাথরুম পরিস্কার করার সময় হাতে দস্তানা পরুন বা আংটি খুলে বাথরুম পরিস্কার করুন!

মুঙ্গার বিভিন্ন আকার
(Shape of Coral Stone)

পান্না
(Emerald)

এর নামকরণ গ্রীক শব্দ 'স্মারগাডোস্' (Smargados) এবং প্রচীন ফরাসী শব্দ এস্মারালডে (Esmeralde)... যার অর্থ হচ্ছে সবুজ রত্ন (Green Gemstone)-য়ের ওপরে হয়েছে! ন্যু ইয়র্ক মিউজিয়ামে মোগল শাসক জাহাঙ্গীরের ব্যবহৃত পান্নার কাপ রাখা আছে আর তার সাথে 632 ক্যারেটের একটা কোলম্বিয়ান পান্নাও রাখা আছে! ভারতীয় জ্যোতিষে পান্নাকে চন্দ্রের পত্নী রোহিনীর পুত্র বলা হয়ে থাকে! এটা মিথুন (Gemini) এবং কন্যা (Virgo) রাশির স্বামী বুধ গ্রহের সাথে সম্বন্ধিত হয়... এজন্য এই দুই রাশির জাতকদের পক্ষে পান্না 'জীবন-রত্ন' হয়! যেসব ব্যক্তির জন্ম কোন মাসের 5, 14 এবং 23 তারিখে হয়েছে... তাঁরা পান্না ধারণ করতে পারেন আর যাঁদের জন্ম 21-শে মে থেকে 20-শে জুন এবং 21-শে আগস্ট থেকে 20-শে সেপ্টেম্বরের মধ্যে হয়েছে... তাঁরাও এটা ধারণ করতে পারেন! কিন্তু যেসব ব্যক্তির জন্ম কোন মাসের 9, 18, 27 এবং 7, 16, 25 তারিখে হয়েছে... তাঁদের পক্ষে পান্না লাভদায়ক হয় না!

পেশা (Profession) ঃ যেসব ব্যক্তি জ্যোতিষ, অকাউন্ট সায়েন্স, সাহিত্য, ফিজিক্স, ট্রেডিং, গায়ন, শেয়ার বাজার, কমিশন বা অস্হির কার্যের সাথে যুক্ত হয়ে রয়েছেন... তাঁদের পক্ষে পান্না অত্যন্ত লাভদায়ক রত্ন হয়!

স্বাস্থ্য (Health) ঃ এটা ব্যক্তির শরীরে 'অনাহত চক্র' অর্থাৎ থায়মস গ্রন্হি (Thymus Gland)-র সাথে যুক্ত হয়ে থাকে! এই গ্রন্হির সাথে সম্বন্ধিত রোগ ঠিক করার জন্য এটা ধারণ করা হয়... সেই সব রোগের মধ্যে মুখ্য হচ্ছে ঃ খারাপ স্বপ্ন দেখা, তোতলানো, অত্যধিক ঘামতে থাকা, জ্ঞানেন্দ্রিয় সম্বন্ধীয় রোগ, শুকনো কাশি, চর্মরোগ এবং স্মৃতি (Memory) সম্বন্ধীয় রোগ! আয়ুর্বেদে বিভিন্ন রোগের চিকিৎসার জন্য পান্নার ভস্মের প্রয়োগ করা হয়ে থাকে! গর্ভবতী মহিলাদের কোমরে পান্না বাঁধলে বাচ্চার জন্মের সময় কষ্ট হয় না!

উৎস (Sources) ঃ এটা ভারতবর্ষ, রাশিয়া, ব্রাজিল, জাম্বিয়া, কোলম্বিয়া এবং মুখ্য রূপে কোলম্বিয়ার মুজো মাইনিং ডিস্ট্রিক্টে পাওয়া যায় – যেটা সব থেকে ভালো প্রকারের পান্না হয়!

বিভিন্ন প্রকার (Varieties) ঃ

01. কোলম্বিয়ান পান্না (Colombian Emerald) ঃ এটাকেই সব থেকে ভালো পান্না হিসেবে মানা হয়ে থাকে!

02. ব্রাজিলিয়ান পান্না (Brazillian Emerald) ঃ এটা কোলম্বিয়ান পান্নার তুলনায় হাল্কা রং-য়ের হয়! এটা ব্রাজিলিয়ান সবুজ তুর্মলিন (Tourmaline) নামেও পরিচিত!

03. জাম্বিয়ান পান্না (Zambian Emerald) ঃ এই পান্না জাম্বিয়া থেকে আসে!

04. স্টার পান্না (Star Emerald) ঃ একে ট্রাপিচে পান্না (Trapiche Emerald)-ও বলা হয়ে থাকে! এর ওপরে কালো রং-য়ের 6 লাইনের স্টার থাকে... যেটা পান্নার অশুদ্ধতা (Impurities) হয়!

05. বেড়ালের চোখের মত পান্না (Cat's Eye Emerald) ঃ একে বৈদুর্য্য-পান্নাও বলা হয়! এটা অত্যন্ত কমই পাওয়া যায়! এতে বৈদুর্য্য-মণির প্রভাব দেখতে পাওয়া যায়!

পান্নার মিথ্যা নাম (False Names) ঃ এগুলো আসল পান্না হয় না! এগুলো নকল হয় আর এগুলোকে সিন্থেটিক পদ্ধতি দ্বারা তৈরী করা হয় অর্থাৎ এগুলো সিন্থেটিক্যালী (Synthetically) হয়! এগুলো দেখতে একেবারে আসল পান্নার মতই হয়... যেগুলো বাজারে বেশীর ভাগ দেখতে পাওয়া যায়! আসল পান্না থেকে এগুলোকে আলাদা করা অত্যন্ত মুশ্কিল হয়! এখানে আপনাদের তথ্যের জন্য কিছু নকল পান্নার নামের উল্লেখ করা হচ্ছে! এই সব পান্না তৈরী করতে কাঁচের ওপরে সবুজ রং-য়ের ডাই-য়ের প্রয়োগ করা হয়! কিন্তু এগুলো গুণের দিক থেকে আসল পান্নার থেকে অনেকটাই আলাদা হয়! এই সব নকল পান্নার নাম হচ্ছে ঃ

কিম্বরলী পান্না (Kimberly Emerald)
বাইরোন পান্না (Biron Emerald)
চ্যাথান পান্না (Chathan Emerald)
গিলসন পান্না (Gilson Emerald)
লেনিক্স পান্না (Lenix Emerald)
লিণ্ডে পান্না (Linde Emerald)
রিজেন্সী পান্না (Regency Emerald)

জারফাস পান্না (Zerfass Emerald)

ব্রাইটন পান্না (Brighton Emerald)

এণ্ডুরা পান্না (Endura Emerald)

মেডিনা পান্না (Medina Emerald)

মাউন্ট সেন্ট হেলেনা পান্না (Mount St. Helena Emerald)

স্প্যানীশ পান্না (Spanish Emerald)

এই প্রকার আরও কিছু নকল পান্না রয়েছে... যেগুলোর মধ্যে পাথরের মজবুতী (Hardness) কিছুটা বেশী হয়! সেগুলোর নাম হচ্ছে ঃ

সবুজ স্যাফায়ার (Green Sappphire) ঃ এটা দেখতে একেবারে আসল পান্নার মতই হয় আর এর মজবুতীও বেশী হয়!

সবুজ গারনেট (Green Garnet) আর জারকন (Zircon) ঃ এগুলোকেও পান্নার মতই দেখতে লাগে... কিন্তু এগুলো পান্নার তুলনায় কম মজবুত হয়!

সবুজ তুর্মলিন (Green Tourmaline) ঃ এটা কেবল এর অপ্‌টিক্যাল গুণ (Optical Properties)-য়ের কারণে পরিচিত হয়!

রাসায়নিক গুণ (Chemical Properties) ঃ

রং (Colour) ঃ সবুজ!

স্পেক্ট্রোস্কোপী রং (Cosmic Colour) ঃ সবুজ!

মজবুতী (Hardness) ঃ 7.5 - 8

স্পেসিফিক গ্রাভিটি (S.G.) ঃ 2.6 - 2.8

রিফ্রেকটিভ ইন্ডেক্স (R.I.) ঃ 1.57 - 1.58

ধাতু ঃ বেরিল (Beryl)

সম্মিশ্রণ (Composition) ঃ $Be_3 Al_2 S1O_6$

রক্ষণাবেক্ষন (Care & Cleaning) ঃ কেমিক্যালের থেকে দূরে রাখুন!

পান্নার পরিবর্ত
(Substitute of Emerald)

জ্যাস্পর (Jasper), ওনেক্স (Onyx), পেরীডোট (Peridot), সবুজ স্যাফায়ার (Green Saffire), সবুজ ক্যোয়ার্টজ্ (Green Quartz), সবুজ তুর্ম লিন (Green Tourmaline), সবুজ আয়োলাইট (Green Iolite), জেড (Jade) , আগেট (Agate), সবুজ এ্যাভেঞ্চুরাইন (Green Aventurine), সবুজ ক্রোম (Green Chrome), সবুজ এমেথিস্ট (Green Amethyst), সবুজ টারক্যোয়েজ (Green Turquoise), সবুজ টোপাজ (Green Topaz), সবুজ গারনেট (Green Garnet), সবুজ এ্যালেক্সান্ড্রাইট (Green Alexandrite), চমকালো সবুজ পাথর (Glowing Green Gem), সবুজ এ্যাম্বর (Green Amber), সবুজ সিলিকা (Green Silica), মালাচাইট (Malachite), সবুজ বেরিল (Green Beryl) এবং ক্রাইসোপরেজ (Chrysoprase) !

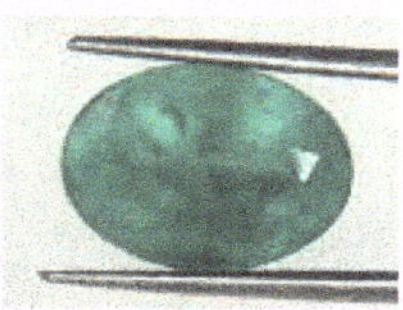

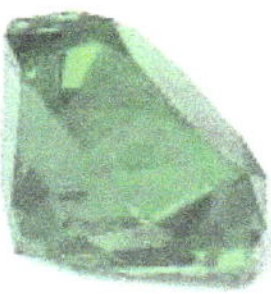

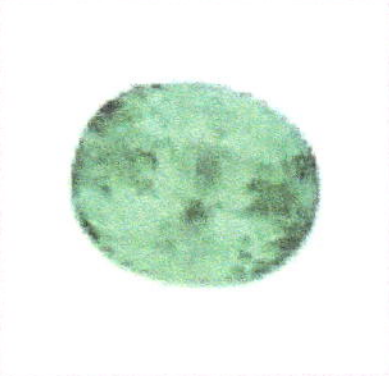

পোখরাজ
(Yellow Sapphire)

পোখরাজ বৃহস্পতি গ্রহের সাথে সম্বন্ধিত হয়! বৃহস্পতি হচেছন 'অঙ্গিরা ঋষি'-র পুত্র! সংস্কৃতে পোখরাজকে বেশ কিছু নামে জানা যায়, যেমন – গুরু রত্ন, পুষ্প রাজা, বল্লভা, আর্যা, জীব, বাচস্পতি, সূর্য গুরু, সূরী, দেব গুরু, অঙ্গিরাজ ইত্যাদি! এটা এ্যালুমিনিয়াম অক্সাইড দিয়ে তৈরী হয়! জ্যোতিষ অনুসারে ধনু আর মীন রাশির স্বামী হচেছন বৃহস্পতি গ্রহ! এজন্য ধনু আর মীন রাশির জাতকেরা পোখরাজ ধারণ করতে পারেন! পোখরাজ তাঁদের পক্ষে 'জীবন-রত্ন' হয়! যেসব ব্যক্তির জন্ম কোন মাসের 3, 12, 21 এবং 30 তারিখে হয়েছে, তাঁরাও এটা ধারণ করতে পারেন আর যাঁদের জন্ম 21-শে নভেম্বর থেকে 20-শে ডিসেম্বর এবং 19-শে ফেব্রুয়ারী থেকে 20-শে মার্চের মধ্যে হয়েছে... তাঁরাও পোখরাজ ধারণ করতে পারেন! কিন্তু কোন মাসের 8, 17 এবং 26 তারিখে জন্মগ্রহণ করা ব্যক্তিরা পোখরাজ ধারণ করবেন না... তাঁদের পক্ষে এটা শুভ ফলদায়ক হয় না!

পেশা (Profession) ঃ পোখরাজ ছাত্র-শিক্ষক, আদালতের বিচারপতি, প্রোফেসর, চার্চের বিশপ, মন্দিরের পূজারী, স্কুল-কলেজে কাজ করতে থাকা ব্যক্তি, নিরামিশাষী ভোজনালয় বা হোটেলে কাজ করতে থাকা ব্যক্তি, সোনার ব্যবসায়ী, বড় শিল্পপতি এবং প্রশাসন সম্বন্ধীয় কাজ করতে থাকা ব্যক্তিদের পক্ষে অত্যন্ত শুভ হয়!

স্বাস্থ্য (Health) ঃ এটা শরীরে 'বিশুদ্ধি চক্র' থায়রয়েড গ্রন্থি (Thyroid Gland) সম্বন্ধিত রোগের সাথে যুক্ত হয়ে থাকে... যেগুলোর মধ্যে মুখ্য হচেছ – গলার রোগ, স্থূলতা, ওজন বেড়ে ওঠা এবং কিড্নীর স্টোন!

উৎস (Sources) ঃ পোখরাজ হিমালয় পর্বত, শ্রী লঙ্কা, রাশিয়া, ইউনাইটেড স্টেটস্, ভারতবর্ষ, বার্মা, থাইল্যাণ্ড, কাম্বোডিয়া, অস্ট্রেলিয়া, পূর্ব আফ্রিকা আর ব্রাজিলে পাওয়া যায়!

রং (Colours) ঃ মুখ্য রূপে হলুদ রং-য়ের পোখরাজকেই খাঁটি (Pure) হিসেবে মানা হয়ে থাকে! এছাড়াও সাদা, হাল্কা আর গাঢ় নীল, কমলা হলুদ (Yellow Orange), হাল্কা কমলা এবং গাঢ় সোনালী হলুদ (Dark Golden

Yellow) পোখরাজকে কিছু কম খাঁটি মানা হয়ে থাকে!

রাসায়নিক গুণ (Chemical Properties) ঃ

মজবুতী (Hardness) ঃ 9

তত্ত্ব (Element) ঃ বায়ু (Air)

স্পেক্ট্রোস্কোপী রং (Cosmic Colour) ঃ হাল্কা নীল!

মিশ্রণ (Compound) ঃ এ্যালুমিনিয়াম অক্সাইড (Al_2O_3)!

স্পেসিফিক গ্রাভিটি (S.G.) ঃ 3.99 - 4.0

রিফ্রেকটিভ ইনডেক্স (R.I.) ঃ 1.760 - 1.768

ঘনত্ব (Density) ঃ .008

ধাতু ঃ কোরণ্ডম (Corundum)

কোরণ্ডম (Corundum) দেখতে বিনা রং-য়ের (Colourless) হয়... এতে যে স্যাফায়ার (Sapphire)-য়ের রং থাকে... সেটা আয়রণ (Iron)-য়ের হয়!

রক্ষণাবেক্ষন (Care & Cleaning) ঃ আপনারা এটা গরম জল, সাবান বা আল্ট্রাসোনিক তরল পদার্থ (Ultrasonic Cleaners) দিয়ে পরিস্কার করতে পারেন!

মূল্য (Price) ঃ পোখরাজের রং যত বেশী গাঢ় হয়... সেটার মূল্য তত বেশী হয়! কিন্তু এতে কালো রং-য়ের অশুদ্ধ পদার্থ (Impurities) দেখতে পাওয়া উচিত নয়! এতে জল বা হাওয়ার বুদবুদও (Bubbles)-ও থাকা উচিত নয়! গাঢ় হলুদ রং-য়ের পোখরাজে যদি একটুও কমলা রং দেখতে পাওয়া যায়... তাহলে সেই পোখরাজকে অত্যন্ত উত্তম শ্রেণী (Best Quality)-র মানা হয়ে থাকে! আজকাল বেশীর ভাগ গরম করার টেক্‌নিক (Heat Treatment) দ্বারা প্রস্তুত 60 থেকে 70% হলুদ পোখরাজ বাজারে দেখতে পাওয়া যাচেছ! এই বিধিতে এগুলোর ওপরে গাঢ় হলুদ রং চড়িয়ে দেওয়া হয়... যেটা কিছু দিন পরে ম্লান হয়ে আসতে লাগে!

পোখরাজের নকল রত্ন (Duplicate Gems of Pukhraj) ঃ এগুলো সিন্থেটিক টেক্‌নিক দ্বারা তৈরী করা হয়ে থাকে... যেগুলোর নাম মুখ্য রূপে নিম্ন রূপ ঃ

- সিন্থেটিক ক্যুবিক জারকোনিয়া (Synthetic Cubic Zirconia)
- সিন্থেটিক স্যাফায়ার (Synthetic Sapphire)
- সিট্রিন ক্যোয়ার্টজ (Sitrine Quartz)
- সুনেলা (Yellow Topaz)
- হলুদ জারকন (Yellow Zircon)

রক্ষণাবেক্ষন (Care & Cleaning) ঃ আপনারা এটা গরম জল বা সাবান দিয়ে পরিস্কার করতে পারেন!

পোখরাজের সমরূপ
(Substitute of Yellow Sapphire)

সুনেলা (Yellow Topaz), হলুদ এমিট্রিন (Yellow Amitrine), হলুদ এমিথিস্ট (Yellow Amethyst), সিট্রিন (Citrine), হলুদ ক্যোয়ার্টজ (Yellow Quartz), হলুদ ক্রাইসোবেরিল (Yellow Chrysoberyl), হেলীয়োডর (Heliodor) !

হীরা

(Diamond)

হীরা গ্রীক শব্দ 'এ্যাডামস' (Adamas) অর্থাৎ কখনো না ভাঙা (Unbreakable allotrope of carbon) কার্বন হয়! এতে সব থেকে বেশী মজবুতী (Hardness) আর থার্মাল কণ্ডাক্টিভিটি (Conductivity) থাকে! বিনা রং-য়ের হীরাকে সব থেকে খাঁটি হিসেবে মানা হয়ে থাকে! হাল্কা হলুদ, গোলাপী, নীল – এই সব রং-য়ের হীরাকে সম্পূর্ণ রূপে ভালো প্রকার (Quality)-র হীরা হিসেবে মানা হয় না! একেবারে পরিস্কার (Higher Clarity Grading) হীরা কেবল 20%-ই খনিতে বার হয় আর বাকী 80% অন্যান্য প্রয়োগে লাগে!

হীরা শুক্র গ্রহের সাথে সম্বন্ধিত হয়! শুক্র গ্রহ হচ্ছে বৃষ (Tauras) এবং তুলা (Libra) রাশির স্বামী! এজন্য হীরা বৃষ আর তুলা রাশির জাতকদের পক্ষে 'জীবন-রত্ন' হয়! যেসব ব্যক্তিদের জন্ম কোন মাসের 6, 15 এবং 24 তারিখে হয়েছে, তাঁরাও হীরা ধারণ করতে পারেন এবং যাঁদের জন্ম 21-শে এপ্রিল থেকে 20-শে মে এবং 21-শে সেপ্টেম্বর থেকে 20-শে অক্টোবরের মধ্যে হয়েছে... তাঁরাও এটা ধারণ করতে পারেন! কিন্তু যেসব ব্যক্তিদের জন্ম কোন মাসের 1, 10, 19 এবং 28 তারিখে হয়েছে, তাঁদের হীরা ধারণ করা উচিত নয়... কারণ সূর্যের সংখ্যা হচ্ছে 1 এবং শুক্রের সংখ্যা হচ্ছে 6! এই দুটি সংখ্যা পরস্পরের জন্য 'বিষ যোগ' তৈরী করে!

পেশা (Profession) ঃ হীরা মডেল, গায়ক-গায়িকা, নৃত্যশিল্পী, কবি, ফিল্মের নায়ক-নায়িকা, চিত্রকার, সেন্ট প্রস্তুতকারক, অকাল্ট সায়েন্টিস্ট, মন্ত্রবশী ভূত, কালো জাদু এবং হিপ্নোটিজমের কাজ করতে থাকা ব্যক্তিদের লাভ প্রদান করে! এটা নেগেটিভ এনার্জী দূর করে এবং খারাপ আত্মা (Bad Spirit) থেকে সুরক্ষা প্রদান করে!

স্বাস্থ্য (Health) ঃ হীরা মনুষ্য-শরীরে 'অঞ্জনা চক্র' (Pituitary

Gland)-য়ের সাথে সম্বন্ধিত রোগে ভালো লাভ প্রদান করে... যেগুলোর মধ্যে মুখ্য হচ্ছে – ডায়াবেটিজ (Diabeties), গ্যাস্ট্রিক, প্রস্রাব কম মাত্রায় আসা, চুল ঝরে পড়া, সেক্স এবং গুপ্তাঙ্গ সম্বন্ধীয় রোগ !

উৎস (Sources) ঃ হীরা আফ্রিকা, রাশিয়া, উত্তর-পশ্চিম অস্ট্রেলিয়া, কানাডা, ব্রাজিল এবং ভারতবর্ষে পাওয়া যায় !

রং (Colours) ঃ হীরার মুখ্য রং নিম্ন প্রকার হয় ঃ

– নীল হীরা (Blue Diamond) ঃ এতে বোরোন (Boron) থাকে !

– হলুদ হীরা (Yellow Diamond) ঃ এতে নাইট্রোজেন (Nitrogen) থাকে !

– ধূসর হীরা (Brown Diamond) ঃ এতে ল্যাটিক্স ত্রুটি (Lattics Defects) থাকে !

অন্যান্য রং ঃ সবুজ, গোলাপী, বেগুনী, কমলা, লাল আর কালো !

চমক (Luster) ঃ যে হীরায় যত বেশী লাইট বিচ্ছুরণ করার (Optical Dispersion) ক্ষমতা থাকে অর্থাৎ আলো দ্বারা চোখ ধাঁধিয়ে দেওয়ার (Reflection) গুণ (Quality) থাকে... সেই হীরায় তত বেশী চমক থাকে !

রাসায়নিক গুণ (Chemical Properties) ঃ

রসায়ন (Chemical) ঃ কার্বন !

ক্রিস্টাল (Crystal) ঃ আইসোমেট্রিক-হেক্সোকেথেড্রাল (Isometric-Hexoctahedral)

ক্লীভেজ (Cleavage) ঃ Perfect info Direction

মজবুতী (Hardness) ঃ 10

চমক (Luster) ঃ Adamantine

রিফ্রেকটিভ ইনডেক্স (R.I.) ঃ 2.42

গুণ (Quality) ঃ পারদর্শী (Transparent) এবং কম পারদর্শী (Sub-Transparent)

আলোর বিস্তার (Dispersion) ঃ 0.44

স্পেক্ট্রোস্কোপী রং (Cosmic Colour) ঃ সাদা !

হিন্দু শাস্ত্র অনুসারে হীরার আট প্রকার জানানো হয়েছে ঃ

01. হংসপতি (Hanspati)
02. বাসন্তী (Vasanti)
03. সভয়ম বজ্র (Sbyam Vajra)
04. সোনলোহি (Sonloyi)
05. কমলাপতি (Kamlapati)
06. বনস্পতি (Vanaspati)

07. তেলীয়া (Telia)

08. বজ্রনীল (Vajraneel)

মূল্য (Price) ঃ হীরা হচেছ সব থেকে মূল্যবান রত্ন ! স্পেনের রাজার নীল রং-য়ের নীলা... যেটার ওজন হচেছ 35.56 ক্যারেট (7.11 gm)... সেটার নীলামী 2008 সালে হয়েছিল এবং সেটা US $ 24 million-তে বিক্রী হয়েছিল ! 2009 সালে 7.03 ক্যারেট (1.41 gm) ওজনের নীল রং-য়ের এক হীরার নীলামী US $ 9.5 million-তে হয়েছিল এবং 2009 সালের 1-লা ডিসেম্বর 5 ক্যারেট ওজনের এক গোলাপী হীরার নীলামী হংকং (Hong-Kong)-তে US $ 10.8 million-তে হয় !

প্রতি বছর প্রায় 130 million ক্যারেট (26,000 kg) হীরা বিভিন্ন খনি থেকে বার করা হয়... যেগুলোর মোট মূল্য US $ 9 billion বলে অনুমান করা হচেছ ! এগুলো ছাড়া প্রায় এক লক্ষ কিলো সিন্থেটিক হীরা (Synthesized Diamond) প্রতি বছর বানানো হয়ে থাকে ! সিন্থেটিক হীরা তৈরী করতে ক্যুবিক জারকোনিয়া (Cubic Zirconia) আর সিলিকন ভেপর্স (Silikon Vapours) টেক্‌নিক প্রয়োগ করা হয়ে থাকে... যাতে উচ্চ তাপ আর চাপ (High Temperature and Pressure) দ্বারা সিন্থেটিক হীরা প্রস্তুত করা হয় !

রক্ষণাবেক্ষন (Care & Cleaning) ঃ একে সাবান বা আল্ট্রামাইন দিয়ে পরিস্কার করলে এটা খারাপ হয় না !

হীরার সমরূপ এবং বিভিন্ন প্রকার

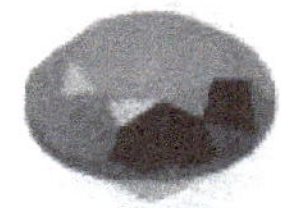

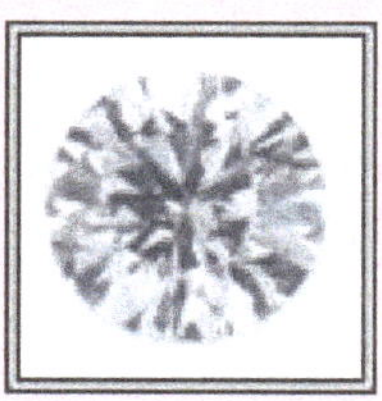

নীলা
(Blue Sapphire)

নীলার সংস্কৃত নাম হচেছ ইন্দ্রনীল, নীলমণি, মহানীল, শনি-রত্ন, নীলোৎপল, শৌর্য্য, কোণ, মণ্ডা, যম এবং পঙ্গু! ইংরাজীতে একে ব্লু স্যাফায়ার (Blue Sapphire) বলা হয়! এছাড়া নীলাকে শনিপ্রিয় নামেও জানা যায়! এটা এক প্রকারের কোরণ্ডম (Corundum) হয়! দেখতে নীলা নীল রং-য়ের হয় এবং এর এই নীল রং এতে মজুদ টাইটেনিয়ম (Titanium) আর আয়রণ (Iron)-য়ের মাত্রার কারণে হয়! নীলা ধারের দিকে গাঢ় নীল আর মাঝখানে হাল্কা নীল হয়! নীলা বেশীর ভাগ ক্ষেত্রে বারো কোণা (Twelve side)-র প্রিজম হয়! জ্যোতিষ অনুসারে বেশী গাঢ় রং-য়ের পাথর বেশী শুভ হয় না! এজন্য কালচে (Black Shade) ভাবের নীলা ধারণ করা উচিত নয়! এটা হচেছ এমন এক রত্ন... যেটা তিন ঘন্টা বা তিন দিন বা তিন সপ্তাহের মধ্যেই নিজের প্রভাব দেখিয়ে দেয়!

নীলা মকর (Capricorn) এবং কুম্ভ (Aquarius) রাশির স্বামী শনির সাথে সম্বন্ধিত হয়ে থাকে! এটা তুলা (Libra) রাশির জাতকদের পক্ষেও শুভ হয়! এজন্য তুলা রাশির জাতকেরাও নীলা ধারণ করতে পারেন! মকর রাশির জাতকদের পক্ষে নীলা 'মারকেশ'-ও হয়! মকর আর তুলা লগ্নের ব্যক্তিদের পক্ষে নীলা শুভ হয় না... কিন্তু মকর আর তুলা লগ্নের ব্যক্তিদের পক্ষে নীলা শুভ হয়!

অঙ্ক বিদ্যা অনুসারে যেসব ব্যক্তিদের জন্ম কোন মাসের 8, 17 এবং 26 তারিখে হয়েছে, তাঁরাও নীলা ধারণ করতে পারেন এবং যাঁদের জন্ম 21-শে সেপ্টেম্বর থেকে 20-শে অক্টোবরের মধ্যে হয়েছে... তাঁরাও নীলা ধারণ করতে পারেন! এই রত্ন অত্যন্ত প্রভাবশালী হয়... এজন্য ভালো করে ভাবনা-চিন্তা করে

তবেই একে ধারণ করা উচিত!

পেশা (Profession) ঃ নীলা ভবন নির্মাণ (Real state) ব্যবসায়ী, কৃষক, ভবন সামগ্রীর ব্যবসায়ী, কয়লা খনিতে কাজ করতে থাকা ব্যক্তি, পেট্রোল পাম্পে কাজ করতে থাকা ব্যক্তি এবং লোহার ব্যবসার সাথে যুক্ত ব্যক্তিদের পক্ষে শুভ হয়!

স্বাস্থ্য (Health) ঃ নীলা শরীরে 'সহস্রার চক্র' পীনিয়ল গ্রন্থি (Pineal Gland)-র সাথে সম্বন্ধিত রোগের সাথে যুক্ত হয়ে থাকে... যেসব রোগের মধ্যে মুখ্য হচেছ পক্ষাঘাত, ক্যান্সার, রসোলী, গেঁটে বাত, অবসাদ, স্বপ্ন এবং নার্ভ সম্বন্ধীয় রোগ!

উৎস (Sources) ঃ নীলা অস্ট্রেলিয়া, বার্মা, ভারবর্ষের কাশ্মীর, শ্রী লঙ্কা, ভিয়েতনাম, থাইল্যাণ্ড, আফগানিস্তান, পাকিস্তান এবং কম্বোডিয়াতে পাওয়া যায়!

রাসায়নিক গুণ (Chemical Properties) ঃ

রসায়ন (Chemical) ঃ ক্রিস্টেলাইজড্ অক্সাইড অফ্ এ্যালুমিনিয়াম (Crystalized Oxide of Aluminium) অর্থাৎ এ্যালুমিনিয়াম এবং অক্সিজেনের কম্পাউণ্ড!

মজবুতী (Hardness) ঃ 9

রিফ্রেকটিভ ইনডেক্স (R.I.) ঃ 1.76 - 1.78

স্পেসিফিক গ্রাভিটি (S.G.) ঃ 3.96 - 4.03

স্পেক্ট্রোস্কোপী রং (Cosmic Colour) ঃ বেগুনী (Violet)

তত্ত্ব (Element) ঃ বায়ু (Air)

সমরূপ, পরিবর্ত (Substitute) ঃ

- নীল জারকন (Blue Zircon)
- নীল তুর্মলিন (Blue Tourmaline)
- এমেথিস্ট (Amethyst)
- ইণ্ডিকোলাইট (Indicolite)
- নীল স্পাইনাল (Blue Spinal)
- লাজর্বত (Lapis Lazuli)

রক্ষণাবেক্ষন (Care & Cleaning) ঃ একে আপনারা সাবান, গরম জল আর আল্ট্রাসোনিক দিয়ে পরিস্কার করতে পারবেন!

ধারণ করা ঃ নীলা কেবল রূপো আর প্ল্যাটিনামের সাথে রাতের বেলায় ধারণ করা হয়!

নীলার পরিবর্ত
(Substitute of Blue Sapphire)

নীল পাথর (Blue Stone), নীল আয়োলাইট (Blue Iolite), নীল এমেথিস্ট (Blue Amethyst), লাজর্বত (Lapis Lazuli), নীল ক্রিস্টাল (Blue Crystal) এবং ট্যাঞ্জানাইট (Tanzanite) !

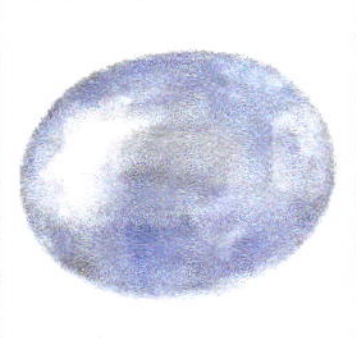

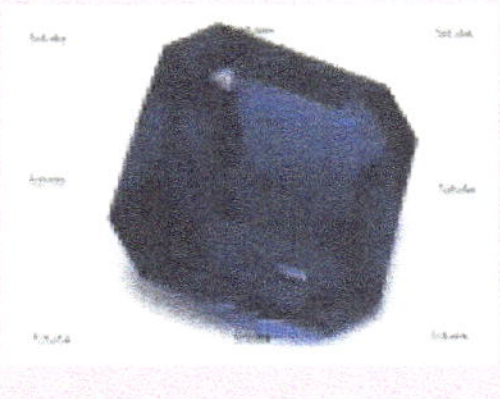

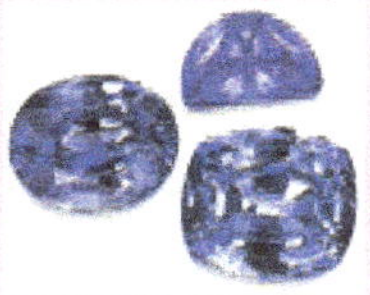

গোমেদ
(Hessonite)

রাহু হচেছ এক ছায়া গ্রহ! জ্যোতিষ অনুসারে যখন চন্দ্র উত্তর দিক থেকে গোচর করে... তখন তাকে রাহু বলা হয় আর যখন দক্ষিণ দিক থেকে গোচর করে... তখন তাকে কেতু বলা হয়! ছায়া গ্রহ হওয়ার কারণে এটা কোন রাশিরই স্বামী গ্রহ হয় না... কিন্তু জ্যোতিষে একে কন্যা (Virgo) এবং কুম্ভ (Aquarious) রাশির সাথে সম্বন্ধিত করা হয়েছে! একে 'রাহু-রত্ন', 'পিত্ত-রক্ত মণি', 'তমোমণি', 'গোমেদা', 'এ্যাসোনাইট' এবং 'সিনামন'-ও বলা হয়ে থাকে! এটা এক প্রকারের গারনেট ধাতু হয়!

গোমেদের রং গোমূত্র, চকোলেট, মধু আর খয়েরী রং-য়ের হয়! এটা বেশীর ভাগ কানাডা, মেক্সিকো, ব্রাজিল, তাঞ্জানিয়া, ভারত, পূর্ব আফ্রিকা এবং শ্রী লঙ্কায় পাওয়া যায়!

কোন ব্যক্তির ওপরে যদি রাহুর খারাপ প্রভাব পড়ে, পতি-পত্নীর মধ্যে যদি লড়াই-ঝগড়া হয় বা ব্যবসায় যদি অবরোধ উৎপন্ন হয়ে পড়ে... তাহলে রাহু রত্ন গোমেদ ধারণ করাটা লাভদায়ক হয়!

যেসব ব্যক্তিদের জন্ম কোন মাসের 4, 13, 22 এবং 31 তারিখে হয়েছে বা যাঁরা 21-শে জানুয়ারী থেকে 20-শে ফেব্রুয়ারীর মধ্যে জন্ম গ্রহণ করেছেন... তাঁরাও গোমেদ ধারণ করতে পারেন! কিন্তু যেসব ব্যক্তিদের জন্ম কোন মাসের 9, 18 এবং 27 তারিখে হয়েছে... তাঁদের পক্ষে গোমেদ ধারণ করাটা ক্ষতিকারক হয়!

রাসায়নিক গুণ (Chemical Properties) ঃ

মজবুতী (Hardness) ঃ 6.5 - 7.25

তত্ত্ব (Element) ঃ ইথার

স্পেক্ট্রোস্কোপী রং (Cosmic Colour) ঃ বেগুনী (Ultra-violet)

রাসায়নিক গুণ ঃ এতে ক্যালশিয়াম এ্যালুমিনিয়াম সিলিকেট $Ca_3Al_2Si_3O_{12}$ থাকে !

পারদর্শিতা (Transperency) ঃ অল্প !

রিফ্রেকটিভ ইনডেক্স (R.I.) ঃ 1.74

স্পেসিফিক গ্রাভিটি (S.G.) ঃ 3.5

পরিচ্ছন্নতা ঃ সাদা জল দিয়ে বা ভেজা কাপড় দিয়ে পরিস্কার করুন এবং এ্যাসিড বা বাথরুম ক্লীনারের থেকে দূরে রাখুন !

গোমেদের বিভিন্ন প্রকার
(Varieties of Hessonite)

বৈদুর্য্য-মণি
(Cat's Eye)

এটা হচেছ কেতু গ্রহের রত্ন ! কেতু গ্রহ এক ছায়া গ্রহ হয় ! চন্দ্র যখন দক্ষিণ দিক থেকে গোচর করে... তখন তাকে কেতু বলা হয় ! এটা কোন রাশির স্বামী গ্রহ হয় না... কিন্তু জ্যোতিষে একে 'মীন' রাশির সাথে সম্বন্ধিত বলা হয়েছে ! এর রত্ন হচেছ বৈদুর্য্য-মণি (Cat's Eye) ! একে 'কেতু-রত্ন', 'লহসুনিয়া' এবং 'সূত্রা-মণি'-ও বলা হয়ে থাকে !

বেড়ালের চোখের মত এর ওপরে সাদা রং-য়ের রেখা থাকে ! এই রত্ন সাদা, হলুদ, কালো, কালচে-সবুজ রং-য়ের হয় ! এই রত্ন ভারতবর্ষ, শ্রীলঙ্কা, ব্রাজিল, চীন এবং পৃথিবীর অন্যান্য দেশগুলোতেও পাওয়া যায় ! পাথরে কোন প্রকারের ঝাপসা ভাব (Dullness) থাকা উচিত নয় ! সেটা স্বাস্থ্য আর ধনের পক্ষে ক্ষতিকারক হয় ! পাথরে গর্ত, পাথরে স্টার, পাথরে ছিদ্র, বিকৃত আকৃতির (Unshaped) চ্যাপ্টা (ফ্ল্যাট) পাথর ধারণ করার পক্ষে ক্ষতিকারক হয় ! পাথর সর্বদা চমকালো আর মোলায়েম হওয়া উচিত এবং সেটার ওপরে কেবল সাদা রং-য়ের রেখাই ভালো হয় ! এটা ক্রাইসোবেরিল (Chrysoberyle) আর তুমলিন (Tourmaline) পাথর দিয়ে তৈরী হয় ! ক্রাইসোবেরিল 1.5 রত্তি এবং তুমলিন বা বৈদুর্য্য-মণি (Cat's Eye) কম পক্ষে 4 রত্তির হওয়া উচিত !

রাসায়নিক গুণ (Chemical Properties) ঃ

স্পেক্ট্রোস্কোপী রং (Cosmic Colour) ঃ ধূসর লাল (Infra-red)

মজবুতী (Hardness) ঃ 8.5

সম্মিশ্রণ (Compound) ঃ বেরীলিয়ম এ্যালুমিনিয়াম অক্সাইড ($BeOA_{12}O_3$)

স্পেসিফিক গ্রাভিটি (S.G.) ঃ 3.72 - 3.74

রিফ্রেকটিভ ইনডেক্স (R.I.) ঃ 1.746 - 1.755

পারদর্শিতা (Transparency) ঃ অপারদর্শী (Opaque)

কালসর্পযোগ, খারাপ হাওয়া, ভয়ংকর স্বপ্ন, শত্রুদের থেকে সুরক্ষা, হারানো ধন ফিরে পাওয়া, এই দুনিয়া থেকে মোক্ষ প্রাপ্তি, শরীরে সাদা দাগ, ল্যুকোডার্মা (Leucoderma), পায়ের যন্ত্রণা, পা ফোলা, কোমরের যন্ত্রণা, ডিস্কের সমস্যা এবং মহিলাদের সাথে সম্বন্ধিত রোগে বৈদুর্য্য-মণি ধারণ করা অত্যন্ত লাভদায়ক হয়!

বৈদুর্য্য-মণির বিভিন্ন প্রকার
(Varieties of Cat's Eye)

রত্নের বিভিন্ন প্রকার আর সেগুলোর লাভ

01. আমাজোনাইট (Amazonite) ঃ একে 'আমাজন রত্ন' -ও বলা হয়ে থাকে ! এর নাম আমাজন নদীর ওপরে রাখা হয়েছে... যেখানে এটা পাওয়া যায় ! এটা এক প্রকারের ধাতু হয় ! প্রাচীন কালে এটা মুখ্য রূপে মিশর (Egypt)-য়ের লোকেদের দ্বারা প্রয়োগ করা হত ! এটা ধার্মিক প্রবৃত্তির জন্য শুভ হয় ! এটা মাথা ঠাণ্ডা রাখে !

এটা শরীরে প্রবাহিত হতে থাকা এনার্জী বৃদ্ধি করে এবং হৃদয় আর মস্তিস্কের মধ্যে সন্তুলন বজায় রাখে ! এটা মুখ্য রূপে ইংল্যাণ্ড আর কোলোরাডোয় পাওয়া যায় !

02. এপেটাইট (Apatite) ঃ এটা প্রাকৃতিক রূপেই গোলাপী, হলুদ, নীল, বেগুনী আর বিনা কোন রং-য়ের হয় ! কিন্তু সবুজ-নীল রং-য়ের এপেটাইটকে বেশী ভালো বলে মানা হয়ে থাকে ! এটা অত্যন্ত কাঁচা হওয়ার কারণে আংটিতে খুব কমই পরা হয়ে থাকে; বেশীর ভাগ মহিলা এটাকে কানের দুল বা গলায় পেণ্ডেন্টের রূপে পরেন ! এটা মাথা থেকে সন্দেহ (Confusion) এবং ক্রোধ দূর করে !

03. ডিয়োপসাইড (Diopside) ঃ এটা এক ক্যালশিয়াম ম্যাগ্নেশিয়াম সিলিকেট ধাতু হয় ! এটা সবুজ রং-য়ের পারদর্শী (Transparent) আর অপারদর্শী হয়... যেটা সবুজ রং-য়ের তুর্মলিনের সাথে মেলে !

এটা মস্তিস্কীয় যোগ্যতা (Intellect) বাড়ানোর কাজে আসে ! এটা লেখকদের পক্ষে শুভ হয় ! মনো-বৈজ্ঞানিক (Psychological) অসন্তুলন (Disorder) দূর করার জন্য এটা ধারণ করা হয় ! এটা অত্যন্ত নরম (Soft) হয়... এজন্য এটা বেশীর ভাগ ক্ষেত্রে গলায় পেণ্ডেন্টের রূপে ধারণ করা হয়ে থাকে !

04. ড্রুজী কোয়ার্টজ (Druzy Quartz)ঃ এটা ষষ্ঠ ইন্দ্রিয় (Extra Sensory Perception) বৃদ্ধি করার জন্য আর সেটার সন্তুলন বজায় রাখার জন্য ধারণ করা হয়ে থাকে! এটা পর্বতের ছিদ্র (Tiny Holes)-গুলোয় পর্বতীয় ঝরনা এবং সমতলের জলের সিলিকা (Silica) ভরে যাওয়ার কারণে তৈরী হয়! এটা ক্রিস্টালের রূপে প্রাপ্ত হয়!

05. এমিট্রিন (Ametrine)ঃ এটা দেখতে গোলাপী-হলুদ হয়! এটা এমেথিস্ট আর সিটরিনের এক প্রকারের মিশ্রণ হয়... এজন্য এটা দু প্রকারের রং-য়ে পাওয়া যায়! এটা পূজা-পাঠ অর্থাৎ ধার্মিক আর ভৌতিক জগৎ (Material World)-য়ের মাঝে সন্তুলন বজায় রাখে! এটা অন্যদের সাথে সহযোগ (Co-operation) বৃদ্ধি করার কাজে আসে!

06. চ্যারোআইট (Charoite)ঃ এটা সাইবেরিয়ার নদীতে পাওয়া যায়! চ্যারোআইট শব্দের অর্থ হচ্ছে জাদু-রত্ন! এটা হচ্ছে এক প্রকারের অ-পারদর্শী (Opaque) রত্ন... যার ওপরে গোল-গোল রেখা থাকে! এটা চমকালো আর গাঢ় বেগুনী রং-য়ের হয়! শোবার সময় এটা বালিশের নীচে রাখলে মনে কোন প্রকারের ভয় থাকে না আর ভালো ঘুম আসে! এটা মনকে ধার্মিক পথে নিয়ে যায় আর ভালো বিচার প্রদান করে!

07. ক্রাইসোপ্রেজ (Chrysoprase)ঃ একে জয়ের রত্ন (Victory Stone)-ও বলা হয়! এটা দেখতে সবুজ রং-য়ের হয়! এটা বাজারে 'অস্ট্রেলিয়ান ইম্পেরিয়াল জেড' নামেও পাওয়া যায়! এই রত্ন ভাবুকতাকে সন্তুলিত করে... মনে শান্তি নিয়ে আসে আর কার্য ক্ষমতার বৃদ্ধি করে! এর প্রয়োগ মানসিক অসুস্হতা, চোখের রোগ আর গেটে বাত রোগে লাভদায়ক হয়! চোর, মাফিয়া (Smuggler)-রা ধরা না পড়ার জন্য এর প্রয়োগ করে থাকে! এই রত্ন অত্যন্ত মূল্যবান হয়!

08. সিটরিন (Citrine) ঃ এটা হলুদ-মধুর মত রং-য়ের ক্যোয়ার্টজ পাথর হয়! অনেক লোক একে ভুল করে সুনেলা-ও মনে করেন! এর বেশীর ভাগ প্রয়োগ জ্যুয়েলারীর কাজে করা হয়ে থাকে! এই পাথর দামে সস্তা হয়!

09. সিন্নাবর (Cinnabar) ঃ এটা এক লাল-ধূসর রংয়ের পাথর হয়! বিদেশে এটার থেকে পারা বার হতে থাকে! এর নাম পার্শিয়ান শব্দ 'সিন্নাবর'-য়ের ওপরে রাখা হয়েছে... যার অর্থ হচ্ছে 'ড্রাগনের রক্ত'! এর প্রয়োগ বাইরের হাওয়া এবং নেতিবাচক এনার্জীর হাত থেকে মুক্তি পাওয়ার জন্য করা হয়ে থাকে! এটা ব্যক্তিকে খুশী প্রদান করে আর তার সাথে-সাথে ব্যক্তির ভাগ্যও চমকায়!

10. ফ্লুরাইট (Fluorite) ঃ এটা পারদর্শী (Transparent) হয়! এর নাম আলো বিচ্ছুরিত করতে থাকা 'ফ্লুরেসেন্ট' (Florescent) শব্দের ওপরে রাখা হয়েছে! এটা গোলাপী, নীল, হলুদ, সবুজ, লাল, ধূসর এবং সাদা রং-য়ের হয়! এটা ব্যক্তিকে ফিট্ করে তোলার সাথে-সাথে ব্যক্তির বোঝার শক্তিকেও বাড়িয়ে তোলে! রোমানরা এর প্রয়োগ মদ্যপান করার পাত্রের রূপে করে থাকেন!

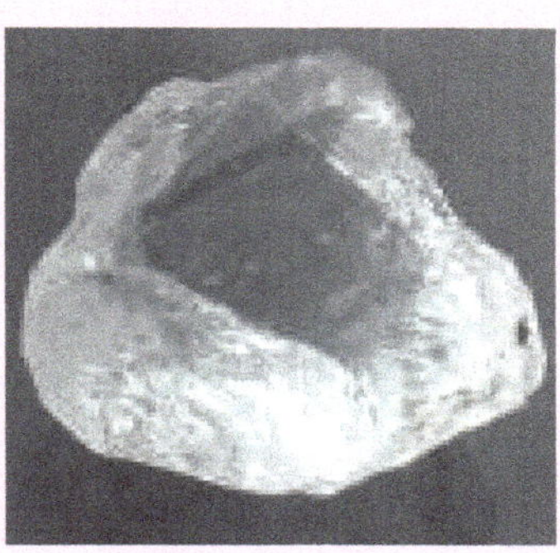

11. গোশীনাইট (Goshenite)ঃ এটা ধাতু সমূহের শুদ্ধ বিনা কোন রং-য়ের পাথর হয়! একে 'সাদা বেরিল'-ও বলা হয়ে থাকে! এতে যখন অশুদ্ধতা এসে পড়ে... তখন এটার রং বদলে যায় এবং রং অনুসারে একে অন্যান্য নামেও জানা যায়, যেমন ধরুন – সবুজ হলে পান্নার মত (Green Beryl), হলুদ হলে হেলীওদর (Yellow Beryl), গোলাপী হলে মোরগেনাইট (Pink Beryl) আর নীল হলে একে এক্যামেরিন (Blue Beryl) বলা হয়! এই রত্ন হীরার

পরিবর্ত (Substitute) রূপে ধারণ করা হয়! এর ভেতরে বেরিলিয়ম এ্যালুমিনিয়াম আর সিলিকোনের মিশ্রণ থাকে! এই রত্ন ধারণ করলে ব্যক্তির মন আর মস্তিষ্ক শুদ্ধ হয়ে ওঠে এবং ব্যক্তি সত্যিকারের নিষ্ঠার সাথে সফলতার দিকে এগিয়ে চলেন! এটা মানসিক আর শারীরিক এনার্জীর মধ্যে সন্তুলন স্থাপিত করে! এর মজবুতী ঃ 7.5 - 8, S.G. : 2.6 - 2.8 হয়!

12. হেলীওদর (Haliodar) ঃ একে 'হেলীদর'-ও বলা হয়ে থাকে! এটা বেরিলিয়ম এ্যালুমিনিয়াম সিলিকেট সোনালী হলুদ বা সোনালী সবুজ রং-য়ের পাওয়া যায়! এতে সোনালী রং এ্যালুমিনিয়ামের স্থানে আয়রণের মাত্রা থাকার কারণে হয়! কখনো-কখনো এতে ইউরেনিয়ামও পাওয়া যায়... যেটা একে কিছুটা মাত্রায় রেডিয়ো-এ্যাক্টিভ করে তোলে! এটা ধারণ করলে মনে অন্যদের প্রতি দয়ালুতা আর নম্রতা বৃদ্ধি পায়! এটা হৃদয় আর পেটের আন্ত্রগুলোর রোগে লাভদায়ক হয় এবং লিভার স্প্লীন আর প্যাংক্রিয়াজের সমস্যা থেকেও মুক্তি প্রদান করে!

13. হেমীমর্ফাইট (Hemimorphite) ঃ এর নাম এর আকার অনুসারে রাখা হয়েছে! হেমী-র অর্থ হচেছ অর্দ্ধেক আর মোরফ-য়ের অর্থ হচেছ আকার অর্থাৎ দুটো মিলিয়ে হচেছ অর্দ্ধেক আকারের! এর থেকে চমকালো কমলা রং-য়ের আল্ট্রা-ভায়োলেট কিরণ বার হয়ে থাকে! এই রত্ন আত্মসম্মান বজায় রাখার জন্য ধারণ করা হয়ে থাকে! এই রত্ন ধারণ করলে চতুর্মুখী ব্যক্তিগত বিকাশও হয়! এটা যন্ত্রণা, আলসার এবং রক্ত সম্বন্ধীয় রোগের পক্ষে অত্যন্ত শুভ হয়! এই রত্ন বিষাক্ত আর খারাপ বস্তুর থেকে রক্ষা-কবচের কাজ করে!

14. ইণ্ডিকোলাইট (Indicolite) ঃ এটা এক প্রকারের নীল তুর্মিলন (Tourmaline) হয়! এর এই নাম ল্যাটিন শব্দ ইণ্ডিকম গাছের ওপরে রাখা হয়েছে... যেটা নিজের নীল রং-য়ের জন্য অত্যন্ত বেশী প্রচলিত! এটা অপারদর্শী থেকে পারদর্শী (Opaque to Transparent) হয় এবং এটা নীল রং-য়ের বেশ কিছু শেডে পাওয়া যায়... যেটা এর ওপরে ইণ্ডেকোলাইট জমা (Deposit) হওয়ার কারণে সৃষ্টি হয়! এর ব্যাপারে অভিজ্ঞ লোকেরা এমনটা বলে থাকেন যে, এটা সকল প্রকারের মুশ্কিল পরিস্থিতিতে রক্ষা-কবচের মত কাজ করে! এটা জীবনে খুশী নিয়ে আসে আর ব্যক্তিকে

প্রসন্নচিত্ত করে তোলে! এর ব্যাপারে এমনটা বলা হয়ে থাকে যে, এটা ধারণ করলে সহ্যশীলতা এবং পারস্পরিক সামঞ্জস্য বৃদ্ধি পায়! এটা ব্যক্তির মধ্যে নমনীয়তা (Flexibility) এবং খুশীর সাথে-সাথে একে-ওপরের প্রতি আকর্ষণ এবং মিত্রতাও বাড়িয়ে তোলে!

15. আয়োলাইট (Iolite) ঃ এর এই নাম গ্রীক শব্দ আয়োস (Ios) থেকে এসেছে... যার অর্থ হচ্ছে বেগুনী! এর ভেতরে প্লীয়োক্রোইজম্ (Pleochroism) থাকে... যেটা আলাদা-আলাদা কোণ থেকে দেখলে আলাদা-আলাদা রং-য়ের দেখায়! এর ব্যাপারে এমনটা মানা হয়ে থাকে যে, এই পাথর মৌজ-মস্তি আর আনন্দের জন্য ধারণ করা হয়ে থাকে! এটা অন্যদের সাথে সম্পর্ককে উন্নত করে তোলে... গলা, শিরা আর চর্মরোগেও লাভদায়ক হয়!

16. লেব্রাডোরাইট (Labradorite) ঃ এটা চমকালো আলোয় নীল, সোনালী আর সবুজ দেখায়! এই পাথর পারদর্শী এবং অপারদর্শী (Transparent and Opaque) হয়! যেসব পাথরে বেশী গাঢ় রং-য়ের কালচে ভাব থাকে... সেগুলোকে 'কালো চন্দ্রমণি' (Black Moonstone)-ও বলা হয়! এগুলো কালচে-নীল রং-য়ের দেখায়! এটা ব্যক্তিকে বেশ কয়েক প্রকারে ভাগ্যশালী করে তোলার সাথে-সাথে বিনম্র আর প্রসন্ন-চিত্তও করে তোলে! এটা ব্যক্তির শরীরকে ফিট্ করে তোলার সাথে-সাথে এনার্জীযুক্তও করে তোলে... ব্যক্তির মানসিক সন্তুলন বজায় রাখে আর শরীরে রোগের সংক্রমণ (Infections)-কে ঠিক করে এবং নেতিবাচক এনার্জীর প্রবেশকেও বাধা প্রদান করে!

17. মর্গানাইট (Morganite) ঃ এটা বেরিয়ল সমূহের এক সদস্য হয়... যেটা বেশ কয়েক প্রকারের রং-য়ে দেখতে পাওয়া যায়! এটাকে 'পিংক বেরী' (Pink Bery) নামেও জানা যায়! গোলাপী রং-য়ের এই পাথর বাস্তবিক প্রেম আর মহিলাদের প্রতি আকর্ষণ বৃদ্ধি করে! প্রসিদ্ধ রত্ন-বিশেষজ্ঞ 'জন মর্গান'-য়ের নামে এর নাম 'মর্গানাইট' রাখা হয়েছে... কারণ উনিই এই পাথরের আবিস্কার করেছিলেন!

এই পাথর গোলাপী রং ছাড়াও হাল্কা কমলা রং-য়েরও হয়! এই পাথর ব্যক্তিকে অবসাদ আর কঠিনতার সময়ও আশাবাদী করে রাখে! এটা ব্যক্তির জীবনে সুখ আর মানসিক শান্তি প্রদান করে! এর মজবুতী ঃ 7.5 & 8 **এবং** S. G. % 2.71 - 2.9 হয়!

18. প্রাসিয়োলাইট (Prasiolite) ঃ এই পাথর দেখতে গ্রীন বেরিয়ল পেরিডোট আর তুমলিনের মত লাগে... এজন্য একে চিনতে অনেক বার চোখ ধোঁকা খেয়ে যায়! এর সবুজ প্রজাতির ভরমিটাইনকে লাইম সিটরিন বা সবুজ এমেথিস্ট-ও বলা হয়! এর এই নাম গ্রীক শব্দ প্রাসন (Prason) থেকে এসেছে! এটা মস্তিস্ক, ভাবনা আর মনের ইচ্ছাগুলোকে প্রেরিত করে তুলে সফলতা প্রদান করে! এই পাথর শারীরিক আর ধার্মিক প্রবৃত্তির মধ্যেও সন্তুলন বজায় রাখে!

19. পায়রাইট (Pyrite) ঃ এই পাথর কিছুটা হলুদ তামার মত রং-য়ের হয়! এতে আয়রণ-ডাই-সালফাইড থাকে! এটা নতুন চিন্তাধারা (Creative Thinking) আর নতুন প্রকারের বিচারধারা প্রদান করে! যখন কোন বিপজ্জনক মিশনে যেতে হয়... তখন এই পাথর বিপদের থেকে রক্ষা করে! বাচ্চাদের মধ্যে জ্ঞান (Intellect) বৃদ্ধি করে অর্থাৎ বাচ্চাদের মন (Concentration) পড়াশোনায় লাগায়! এটা নেতিবাচক এনার্জীকে নিয়ন্ত্রণ করে শারীরিক, ভাবনাত্মক আর মানসিক স্তরে সন্তুলন বজায় রাখে!

20. রুবেলাইট (Rubellite) ঃ এটা তুর্মলিন (Tourmaline)-য়ের মত লাল রং-য়ের পাথর হয়! এর নামকরণ গ্রীক শব্দ রেবিল্স (Rebellus)... যার অর্থ হচেছ লাল – থেকে হয়েছে! একে 'লাল তুর্মলিন'-ও বলা হয়ে থাকে! এটা প্রাকৃতিক আলো আর বিদ্যুতের আলোয় একই রং-য়ের দেখায়! গোলাপী রং-য়ের রুবেলাইট প্রেম-ভালবাসা আর বন্ধুত্ব বৃদ্ধি করে! এতে মহিলা-এনার্জী বেশী মাত্রায় পাওয়া যায়! লাল রং-য়ের রুবেলাইট উৎসাহ (Courage) আর ইচ্ছাশক্তি (Will Power) বৃদ্ধি করে... হৃদয়ের ভাবুকতা (Emotions)-য়ের সন্তুলন বজায় রাখে এবং ঘাবড়ানি আর উত্তেজনার ওপরে নিয়ন্ত্রণ বজায় রাখে!

21. স্কাপোলাইট (Scapolite) ঃ এটা হচেছ হাল্কা সবুজ-কালো রং-য়ের পাথর ! এই পাথর বেশ কয়েক প্রকারের রং-য়ে পাওয়া যায়... যেগুলোর মধ্যে মুখ্য রং হচেছ – হলুদ, গোলাপী, বেগুনী আর বিনা কোন রং-য়ের !

বেগুনী রং-য়ের স্কাপোলাইট জীবনে গুরুত্বপূর্ণ নির্ণয় গ্রহণ করার সময় কাজে আসে... কারণ এটা ব্যক্তির ধার্মিক প্রবৃত্তিকে বাড়িয়ে তোলে... যাতে ব্যক্তি নিজের ভেতরের শক্তির সাথে বিচার-বিমর্শ করে নিতে পারেন !

সোনালী রং-য়ের স্কাপোলাইট যন্ত্রণায় আরাম প্রদান করে !

বিনা কোন রং-য়ের স্কাপোলাইট ব্যক্তি বিশেষকে নিজের সমস্যার সমাধান করার জন্য অন্তঃস্হল (Innerside) দ্বারা পথ প্রদর্শন করে ! কেউ-কেউ এমনটা মনে করেন যে, এটা স্মৃতিশক্তি (Memory) তো বৃদ্ধি করেই... তার সাথে-সাথে সমস্ত আভা মণ্ডল (Aura)-য়েও সন্তুলন বজায় রাখে !

22. সার্পেন্টাইন (Serpentine) ঃ এটাকে সাপ (Serpent)-য়ের খোলসের মত দেখতে লাগে ! এটা শরীরের চক্রগুলোর ওপরে জমে থাকা এনার্জীকে পরিস্কার করার কাজে আসে ! এই জমে থাকা এনার্জী বাইরে বেরিয়ে এসে শরীরের চক্রগুলোর এনার্জীর মধ্যে সন্তুলন স্হাপিত করে ! এটা হৃদয়ের চক্রকে অত্যন্ত বেশী লাভ প্রদান করে ! এমনটা বলা হয়ে থাকে যে, এটা ধারণ করলে ব্যক্তি নিজের সকল স্বপ্ন সাকার করে তুলতে পারেন অর্থাৎ তাঁর সকল ইচছার পূর্তি হয়ে পড়ে !

23. সোডালাইট (Sodalite) ঃ এতে সোডিয়াম পদার্থ পাওয়া যায় ! এটা হাল্কা নীল রং থেকে গাঢ় নীল রং-য়ের পাওয়া যায় ! এতে ক্লোরিনের মাত্রাও থাকে ! এটা আভা মণ্ডল (Aura)-র সাফাই করে এবং মস্তিস্ক আর ভাবনার মধ্যে সন্তুলন স্হাপিত করে ! এটা ব্যক্তিকে স্বতন্ত্র বিচার প্রদান করে ! এটা যে কোন গুরুত্বপূর্ণ নির্ণয় গ্রহণ করতে সহায়ক হওয়ার সাথে-সাথে আত্মবিশ্বাস বাড়িয়ে তোলে এবং ক্যান্সার (Cancer)-য়ের মত ভয়ানক রোগের সাথে লড়াই করার শক্তিও প্রদান করে !

24. স্পেক্ট্রোলাইট (Spectrolite) ঃ এটা গাঢ় লাল, কমলা, হলুদ, নীল আর সবুজ রং-য়ের হয়! এর রং স্পেক্ট্রমের কিরণের কারণ হয়! এটা এক প্রকারের সোডিয়াম আর ক্যালশিয়াম এ্যালুমিনিয়াম সালফেটের সম্মিশ্রণ হয়! এমনটা বিশ্বাস করা হয়ে থাকে যে, এটা উদ্বেগ (Anxiety), নিরাশা আর অবসাদ (Depression) থেকে তৎক্ষনাত মুক্তি প্রদান করে! এটা ব্যক্তির আত্মবিশ্বাস বাড়িয়ে তোলার সাথে-সাথে ব্যক্তিকে আশাবাদীও করে তোলে! একে ভাগ্যশালী রত্ন (Good Luck Stone)-ও বলা হয়ে থাকে!

25. সুজিলাইট বা হেমী (Sugilite or Hemi) ঃ এর এই নাম ডাঃ কেনোগী সুজি দ্বারা আবিস্কার করার কারণে রাখা হয়েছে! এটা গাঢ় বেগুনী রং-য়ের হয়! এতে ধূসর, কালো আর হলুদ ছোপ থাকে! এটা অপারদর্শী (Opaque) হয় আর বেশীর ভাগ ক্ষেত্রে অলংকার তৈরী করার কাজে এর প্রয়োগ করা হয়ে থাকে! এমনটা বলা হয়ে থাকে যে, এটা ব্যক্তির মস্তিস্ক আর শরীরের সাথে সম্পর্ক স্হাপিত করে নেতিবাচক এনার্জীর সাথে লড়াই করার শক্তি প্রদান করে! এটা পূজা-পাঠের জন্য সর্বোত্তম পাথর হয়... কারণ এটা মস্তিস্ক চক্র এবং কুণ্ডলীর এনার্জীর মাধ্যমে শরীরের চক্রগুলোর ওপরে জমে থাকা এনার্জীর সাফাই করে!

26. সানস্টোন (Sunstone) ঃ একে হীলিয়োলাইট আর রক্ত পাথর (Blood Stone)-ও বলা হয়ে থাকে! এর নাম 'সানস্টোন' গ্রীক শব্দ হীলিয়স আর লীথোস – যার অর্থ হচেছ সূর্য – থেকে রাখা হয়েছে! এটা লাল, ধূসর বা সবুজ রং-য়ের হয়! এতে হীমেটাইট থাকে... যার ফলে এটা আলোর কিরণ বিচছুরিত (Reflect) করে! এটা পর্বতের আগ্নেয়গিরির বিস্ফোরণ থেকে বাইরে বার হওয়া লাভার কারণে তৈরী হয়! এতে কপারের মাত্রাও পাওয়া যায়! এমনটা মনে করা হয়ে থাকে যে, এই পাথর অসুস্হতা এবং ক্লান্তির সময় ব্যক্তিকে অতিরিক্ত এনার্জী প্রদান করে!

27. টাইগার্স আই (Tiger's Eye) ঃ এটা দেখতে একেবারে চিতা বাঘের চোখের মত হয়! টাইগার্স আই-তে একটা রেখা থাকে! এটা ধূসর রং-য়ের ক্যোয়ার্টজ সিলিকন ডাই অক্সাইড হয়! এতে আয়রণ অক্সাইডের মাত্রা থাকার কারণে এটা সোনালী-হলুদ রং-য়ের হয়! এটা আত্মবিশ্বাসের সাথে কাজের প্রতি সতর্কতা বৃদ্ধি করার জন্য ধারণ করা হয়ে থাকে! রোমান সৈনিকেরা যুদ্ধের সময় এটাকে নিজেদের সাথে রাখতেন! এই রত্ন মকর রাশির সাথে সম্বন্ধিত হয়!

28. য়্যনেকাইট (Unakite) ঃ এটা গারনাইটের এক প্রকার হয়! এটা অপারদর্শী (Opaque) হয় আর চমকালো সবুজ রং-য়ের হয়! এটা ভৌতিক রোগ ছাড়াও মানসিক আর ভাবুকতার সাথে সম্বন্ধিত সমস্যারও নিবারণ করে! এটা মহিলাদের মধ্যে প্রজনন-শক্তি (Reproductive System) বৃদ্ধি করে!

29. এমেথিস্ট (Amethyst) ঃ এটা ক্যোয়ার্টজের এক প্রকার হয়! এর রং এতে মজুদ ম্যাঙ্গানিজ, টাইটেনিয়াম আর আয়রণের ওপরে নির্ভর করে! এটাকে নীল-বেগুনী রং-য়ের দেখায়! এটা ধোঁকা আর ছল-কপটতার হাত থেকে রক্ষা করে! এমেথিস্টের অর্থ হচেছ 'নেশামুক্তি'... এজন্য এটা মদ্যপানের আসক্তি দূর করে! এটা খারাপ হাওয়াকেও তাড়ায়! এটা পেটে বেড়ে ওঠা এ্যাসিডের মাত্রাকে কম করে! সর্বাধিক তাপমাত্রা 400^0 C-তে এর রং গায়েব হয়ে পড়ে! মদ্যপান করার কারণে যাতে মূচ্ছা না আসে... সেজন্য প্রাচীন যুগে লোকেরা মদ্যপান করার জন্য এমেথিস্টের পাত্রের প্রয়োগ করতেন!

30. পেরিডোট (Peridot) ঃ এই পাথরের নাম গ্রীক শব্দ 'পেরিডোনা' থেকে এসেছে... যার অর্থ হচেছ 'ধনবান করে তোলা'! এটা আরও বেশ কিছু নামেও পরিচিত হয়, যেমন – ক্রাইসোলাইট, গোল্ড স্টোন এবং ওলিবাইন! এটা আয়রণ ম্যাগ্নেশিয়াম সিলিকেটের সম্মিশ্রণ হয়! এটা হলুদ-সবুজ আর ধূসর-সবুজ রং-য়ের হয়!

31. এ্যাক্যোয়ামেরিন (Aquamarine) ঃ এটার নামকরণ ল্যাটিন শব্দ 'এ্যাকোয়া'... যার অর্থ হচ্ছে জল এবং 'মেরী'... যার অর্থ হচ্ছে সমুদ্র – এই দুটো শব্দ থেকে এসেছে অর্থাৎ সমুদ্রের জলের মত নীল ! এটা হাল্কা নীল রং-য়ের হয় ! এর হাল্কা নীল রং শুক্র গ্রহের রং হয়... এজন্য এটা বিশ্বাস, দয়ালুতা, পারস্পরিক ভ্রাতৃত্ব বোধ, ভালো চিন্তাধারা আর মিত্রতার জন্য ধারণ করা হয়ে থাকে ! প্রচীন মান্যতা অনুসারে এটা বিবাহের জন্য ধারণ করা হয়ে থাকে ! লোকেরা এটাকে ধন-দৌলত আর সম্পন্নতার জন্যও ধারণ করেন !

32. ট্যাঞ্জানাইট (Tanzanite) ঃ এর নাম পূর্ব আফ্রিকার 'তাঞ্জানিয়া' (Tanzania) রাজ্যের ওপরে রাখা হয়েছে... কারণ গোটা পৃথিবীতে একমাত্র এখানেই এই রত্ন পাওয়া যায় ! এতে ক্যালশিয়াম, এ্যালুমিনিয়াম সিলিকেট পাওয়া যায় ! এর মজবুতী 6.5 - 7 মোহ স্কেলে মাপা হয় ! এ্যাসিড বা আল্ট্রাসোনিক কেমিকাল অথবা সাবানের সংস্পর্শে এসে পড়লে এটা খারাপ হয়ে পড়ে ! এটাকে নীল, বেগুনী আর ধূসর হলুদ রং-য়ে দেখতে পাওয়া যায় !

33. সিটরিন (Citrine) ঃ একে 'সোনালী টোপাজ' বা 'সুনেলা'-ও বলা হয়ে থাকে ! এটাও ক্যোয়ার্টজ পরিবারের সদস্য হয় ! এটা হলুদ থেকে ধূসর-হলুদ রং পর্যন্ত হয় ! এটা টোপাজের তুলনায় ওজনে হালকা হয় ! লোকেরা পোখরাজের পরিবর্ত (Substitute)-য়ের রূপে এটাকে ধারণ করে থাকেন... কিন্তু এটা পোখরাজের মত ততটা প্রভাবশালী হয় না ! এটা বাজারে অত্যন্ত কম দামে কিনতে পাওয়া যায় ! এটা ভয়, ক্রোধ আর দুঃখ নিবারণ করার উদ্দেশ্যে ধারণ করা হয়ে থাকে !

34. গারনেট (Garnet) ঃ বেশীর ভাগ ক্ষেত্রে গাঢ় লাল রং-য়ের হয়... কিন্তু এটা সবুজ, গাঢ় হলুদ আর চমকালো কমলা রং-য়েরও হয়! এর মজবুতী 7 - 7.5 হয়! একে আরও অনেক নাম রয়েছে, যেমন – আলমেনডাইন (Almandine)... এণ্ড্রাডাইট (Andradite)... ডিমেনটোয়েড (Demantoid)... গ্রোসুলেরাইট (Grossularite)... পাইরোপ (Pyrope)... রোডোলাইট (Rhodolite)... তাসাভোরাইট (Tasavorite)... স্পেসারটাইন (Spessartine)... গোমেদ (Hessonite)... য়ুভরোভাইট (Uvarovite) ইত্যাদি! খারাপ ঘটনা ঘটা আটকানোর জন্য এটা ধারণ করা হয়!

35. লেপিস-অজুলা (Lapis-Azula) ঃ এটা অপারদর্শী (Opaque) আর গাঢ় নীল রং-য়ের পাথর হয়! লেপিস (Lapis) হচ্ছে ল্যাটিন শব্দ আর অজুলা (Azula) হচ্ছে আরবিক শব্দ... যার অর্থ হচ্ছে নীল! লোকেদের মধ্যে এমন মান্যতা রয়েছে যে, এই রত্ন মিত্রতার জন্য ধারণ করা হয়ে থাকে! এই পাথর ভ্রাতৃত্ব, পারস্পরিক সম্পর্ক আর খোলাখুলি ভাবে নিজের বিচারধারা প্রকট করার প্রেরণা প্রদান করে! এর মজবুতী 5 - 6 মোহ স্কেলে মাপা হয়েছে! একে আল্ট্রাসোনিক কেমিকালের থেকে দূরে রাখুন!

36. এ্যাম্বর (Amber) ঃ এটা এক প্রকারের অগানিক পদার্থ (Organic Compound) হয়! এটা প্রাকৃতিক রূপে প্রচীন গাছের ছালে পাওয়া যায়! এটা রং-য়ের দিক থেকে বেশ কয়েক প্রকারের হয়, যেমন – সোনালী-হলুদ, কমলা, লাল-কমলা, সবুজ, বেগুনী, ধূসর-হলুদ, সাদা আর কালো ইত্যাদি! এটা বাস্তবে না তো মিনারেল হয় আর না-ই জেম স্টোন হয়! এটা সিংহ রাশির রত্ন হয়! এটা পাচন ক্রিয়ায় সন্তুলন নিয়ে আসে! এছাড়াও এটা গলার রোগ, বুকের রোগ, মাথার যন্ত্রণা, গেঁটে বাত, হুপিং কাশি, ক্লান্তি, শ্লেস্মা আর জণ্ডিস রোগে লাভদায়ক হয় এবং শরীরের ফোলা ভাব কম করে! এটা লিভার আর কিড্‌নীর রোগও দূর করে! এতে নেতিবাচক এনার্জীকে ইতিবাচক এনার্জীতে পরিবর্তন করার শক্তি থাকে! এমনটা শোনা যায় যে, এতে এক হাজার কীট-পতঙ্গের রস থাকে... কিন্তু এটা বেশী সময় পর্যন্ত অর্থাৎ পুরো দিন ধারণ করে থাকা উচিত নয়!

37. ম্যাগ্নেটাইট (Magnetite) ঃ এটা চুম্বকীয় হীমেটাইট (Magnetic Hematite) বা লোডী স্টোন (Lode Stone) নামেও পরিচিত ! এটা এক প্রকারের চুম্বকীয় পাথর হয় আর এতে শক্তিশালী পোজিটিভ-নেগেটিভ চুম্বকীয় শক্তি মজুদ থাকে ! এটা এনার্জীকে নিজের দিকে আকৃষ্ট করে আর ছুঁড়েও ফেলে অর্থাৎ ঔষধির রূপে এটা এনার্জীর সন্তুলন সৃষ্টি করে ! এটা টেলিপ্যাথি এবং আগে থেকেই কোন কিছু জেনে নেওয়ার ক্ষমতা রাখে ! এটা ধারণ করলে দুঃখ, ভয় আর ক্রোধ কমে আসে ! এটা ব্যক্তির শরীরে ইতিবাচক এনার্জীর প্রবেশ করায় ! এর উপযোগ চুল, মাংসপেশীর যন্ত্রণা, ফোলা ভাব, রক্তচাপ, হাঁফানী আর ত্বক (Skin)-য়ের রোগে করা হয় ! গর্ভবতী মহিলাদের এর থেকে প্রস্তুত অলংকার পরা উচিত নয় !

সাধারণতঃ এর প্রয়োগ শারীরিক শক্তি, টেলিপ্যাথি, স্বাস্থ্য সন্তুলন, অন্যের ভালবাসা প্রাপ্ত করা এবং ভাগ্যশালী হওয়ার জন্য করা হয়ে থাকে !

38. ওবসিডিয়ন (Obsidian) ঃ যখন কোন আগ্নেয়গিরিতে বিস্ফোরণ হয় আর সেটার লাভা মাটিতে এসে পড়ার পরে ঠাণ্ডা হয়ে যায়... তখন সেটার থেকে এই পাথর তৈরী হয় ! এর ওপরের তলদেশ অত্যন্ত মসৃণ (Glossy) হয় ! সাধারণতঃ এর রং কালো হয়... কিন্তু এটা হাল্কা ধূসর, খয়েরী, রূপোর মত চমকাতে থাকা কালোও হয় ! সব থেকে মূল্যবান পাথরের ওপরে রামধনু (Rainbow)-র সাত রং দেখতে পাওয়া যায় ! এমন পাথরের ওপরে চমকাতে থাকা বেগুনী, সবুজ আর সোনালী লাইন থাকে ! এটা বেশীর ভাগ বস্তুর হাতল বা জ্যুয়েলারীতে কাজে আসে ! এমনটা বলা হয়ে থাকে যে, এর মধ্যে ভবিষ্যৎ দেখার শক্তি থাকে ! মাংসপেশীতে টান (Muscle Cramps) ধরলে এর প্রয়োগ করা হয়ে থাকে ! এর প্রয়োগ শরীরে বিষাক্ত পদার্থের মাত্রা কম করার কাজেও করা হয়ে থাকে !

39. এ্যাভেঞ্চুরিন (Aventurine) ঃ এটা বেশীর ভাগ ক্ষেত্রে ক্যোয়ার্টজ-ই হয়! কমলা আর ধূসর-লাল রং-য়ের এই পাথরকে সূর্য-রত্ন (Sun Stone)-ও বলা হয়ে থাকে! এই পাথর ব্যক্তিকে আশাবাদী করে তোলে আর ব্যক্তির শরীরের চক্রগুলোর মধ্যে ইতিবাচক এনার্জীর প্রবেশ করায় এবং চক্রগুলো থেকে নেতিবাচক এনার্জীকে বাহিরে বার করে দেয়! এর প্রয়োগ এর রং অনুসারে করা হয়ে থাকে! যেমন – লোকেরা ধন প্রাপ্তির জন্য নীল এ্যাভেঞ্চুরিন ধারণ করেন! একে জুয়ারীর পাথর (Gambler's Stone)-ও বলা হয়! এটা সাট্টা আর শেয়ার বাজারে পয়সা লাগানো ব্যক্তিদের পক্ষে শুভ হয়! পারদর্শী (Transparent) এ্যাভেঞ্চুরিন আরও বেশী শক্তিশালী হয়!

পীচ রং-য়ের এ্যাভেঞ্চুরিন দ্বিতীয় চক্র এবং লাল রং-য়ের এ্যাভেঞ্চুরিন প্রথম চক্রের সাথে সম্পর্কিত হয়! পীচ রং-য়ের এ্যাভেঞ্চুরিন ক্লান্তি, চিন্তা, লজ্জা, লিঙ্গ ইত্যাদির সাথে সম্বন্ধিত রোগের জন্য এবং লাল রং-য়ের এ্যাভেঞ্চুরিন ক্যান্সারের মত রোগে লাভদায়ক হয়!

40. প্রেহনাইট (Prehnite) ঃ এটা এক প্রকারের হাইড্রস, ক্যালশিয়াম এ্যালুমিনিয়াম সিলিকেট মিনারেল হয়! এটা অত্যন্ত চমকালো পাথর হয়! এর প্রয়োগ পূজা করার সময় এবং মানসিক শান্তি প্রাপ্ত করার জন্য করা হয়ে থাকে! এটা ধারণ করলে উচ্চ রক্তচাপ (High Blood Pressure) কমে আসে!

41. চেরোইট (Charoite) ঃ এই পাথরের নামকরণ রাশিয়ান নদী 'চারো নদী' (Charo River)-র ওপরে রাখা হয়েছে! এটা হচেছ চুন থেকে পরিবর্তিত এক সাধারণ মিনারেল... যেটাকে 'চেরোইট' বলা হয়ে থাকে! এমনটা বলা হয়ে থাকে যে, যদি কোন ব্যক্তির রাতে ঘুম না আসে, ঘুমের মধ্যে ভয়ানক স্বপ্ন আসতে থাকে বা ভয় লাগতে থাকে... তাহলে সেই ব্যক্তি রাতে ঘুমোতে যাওয়ার সময় বালিশের নীচে এই পাথর রেখে শুলে সহজেই ঘুম এসে যায়!

এটা শরীরের নেতিবাচক এনার্জীকে বার করে দেয়, শরীরের আভা মণ্ডল (Aura) সাফ করে, ভয় দূর করে এবং হৃদয় আর মস্তিষ্কের চক্রের মধ্যে সম্পর্ক স্থাপিত করে... যার ফলে আত্মার শুদ্ধি হয়! এই পাথরের কালো আর বেগুনী লাইন ভয় দূর

করে এবং সাদা রং আত্মার সাথে সম্পর্ক স্থাপিত করে! এর মজবুতী 5 - 6 হয়! এটা চমকালো বেগুনী রং-য়ের হয়, যাতে কালো ছোপ থাকে এবং সাদা, হাল্কা নীল আর কালো রং-য়ের লাইন থাকে!

42. ক্যালকাইট (Calcite) ঃ এটা বেশ কয়েক প্রকার রং-য়ে পাওয়া যায়, যেমন – সাদা, নীল, কমলা, লাল এবং মধুর রং ইত্যাদি! এতে বেশ কয়েক প্রকারের এনার্জীকে শুদ্ধ করার ক্ষমতা থাকে! সাদা ক্যালকাইট আভা মণ্ডলের সাফাই করে এবং অন্তর্রাত্মাকে জাগ্রত করে তুলে ক্ষমা করার শক্তি প্রদান করে! সবুজ ক্যালকাইট ভাবুকতা (Emotional Balance)-কে সন্তুলিত করে এবং মানসিক ক্লান্তি দূর করে! নীল ক্যালকাইট গলার রোগের সাথে সম্বন্ধিত হয় এবং ভৌতিক আর এ্যাস্ট্রল এনার্জী প্রদান করে! কমলা ক্যালকাইট সেক্স পাওয়ার বৃদ্ধি করে এবং আত্মবিশ্বাস (Confidence) প্রদান করে! গোলাপী ক্যালকাইট স্বাস্থ্য ভালো রাখে এবং প্রেম বৃদ্ধি করে!

43. কুনজাইট (Kunzite) ঃ এটা অত্যন্ত কোমল আর গোলাপী রং-য়ের আকর্ষক পাথর হয়! সূর্যের কিরণ বা বেশী আলোয় এর গোলাপী রং গায়েব হয়ে পড়ে! এর প্রয়োগ বেশীর ভাগ ক্ষেত্রে জ্যুয়েলারীতে করা হয়ে থাকে! একে 'লভ্ স্টোন'-ও বলা হয়ে থাকে!

44. সারডোনিক্স (Sardonyx) ঃ এটা ওনেক্স পাথরেরই এক প্রকার হয়... যার ওপরে লাল, সাদা, ধূসর (Grey) আর কালো রং-য়ের লাইন থাকে! এই পাথরের প্রয়োগ মাথা ঠাণ্ডা রাখা, মনে আনন্দ নিয়ে আসার জন্য করা হয়ে থাকে! এর প্রয়োগ হৃদয়, কিড্‌নী, নার্ভ, চোখ আর নখ মজবুত করার জন্যও করা হয়ে থাকে! জ্যুয়েলারীতেও এই পাথরের প্রয়োগ করা হয়!

45. জেসিন্থ (Jacinth) ঃ জারকনের কমলা রং-য়ের প্রকারকেই 'জেসিন্থ' বলা হয়! জারকন সাদা রং-য়ের হয়... কিন্তু জেসিন্থ নীল, হলুদ, কমলা, লাল, ধূসর আর সবুজ রং-য়েরও হয়! এয়া জারকোনিয়ম সিলিকেট (Zirconium Silicate) হয়! এর এক প্রকার হেসিন্থ (Hyacinth) বিনা রং-য়ের (Clear), পারদর্শী, লাল, কমলা আর হলুদ রং-য়ের হয়!

রত্ন ধারণ করার নিয়ম

জন্ম কুণ্ডলীর প্রথম ঘর (ভাব)-কে জন্ম লগ্ন বলা হয়... যেটা 12 প্রকারের হয়!

01. মেষ লগ্ন

02. বৃষ লগ্ন

03. মিথুন লগ্ন

04. কর্কট লগ্ন

05. সিংহ লগ্ন

06. কন্যা লগ্ন

07. তুলা লগ্ন

08. বৃশ্চিক লগ্ন

09. ধনু লগ্ন

10. মকর লগ্ন

11. কুম্ভ লগ্ন

12. মীন লগ্ন

কোন্ ব্যক্তির কোন্ রত্ন ধারণ করা উচিত... তার জন্য 'পরাশর হোরা শাস্ত্রম্'-তে জন্ম লগ্নের ভিত্তিতে সেই ব্যক্তিকে লাভ এবং ক্ষতি প্রদান করতে থাকা বিভিন্ন গ্রহের বর্ণনা করা হয়েছে! পাঠকদের সরলতার সাথে বোঝানোর জন্য সেই সব সংস্কৃত শ্লোকগুলোর হিন্দী অনুবাদ এবং তার ভিত্তিতে প্রত্যেক ব্যক্তির জন্ম লগ্ন কুণ্ডলী অনুসারে তাঁর পক্ষে শুভ এবং অশুভ ফল প্রদানকারী বিভিন্ন রত্নের বর্ণনা এখানে চিত্র সমেত করা হচ্ছে... যাতে পাঠকদের বুঝতে কোন প্রকারের কোন অসুবিধা না হয়!

এই প্রকারে বৃহস্পতি গ্রহ ধনু এবং মীন রাশির স্বামী হয়... যার রত্ন হচ্ছে পোখরাজ! ধনু রাশি অগ্নি তত্ত্ব হয়... অন্য দিকে মীন রাশি হচ্ছে জল তত্ত্ব! এজন্য যদি কোন ব্যক্তির জন্ম রাশি ধনু হয়... তাহলে পোখরাজ এবং জন্ম রাশি মীন হলে তাঁর ওপাল ধারণ করাটা বেশী লাভদায়ক হয়! কিন্তু লগ্ন অনুসারে, লগ্ন ধনু হোক্ বা মীন... পোখরাজ রত্ন ধারণ করাটা অত্যন্ত বেশী লাভ প্রদান করে!

মেষ জন্ম লগ্নের ব্যক্তিদের জন্য ঃ

মেষ জন্ম লগ্নের ব্যক্তিদের কুণ্ডলী

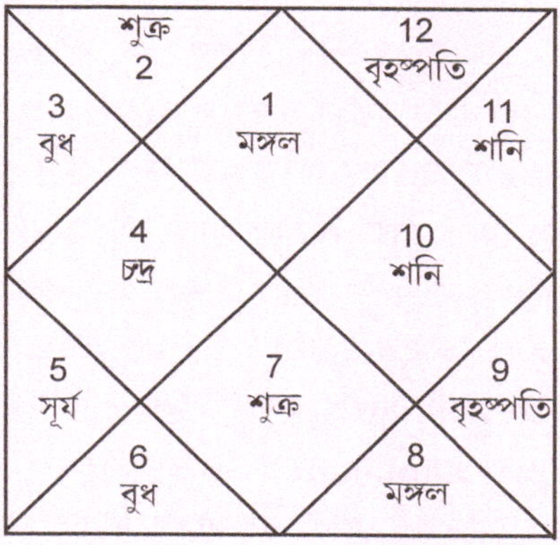

मंदसौम्यसिताः पापाः शुभौ गुरुदिवाकरौ।
न शुभं योगमात्रेण प्रभवेच्छनिजीवयोः॥
परतंत्रेण जीवस्य पापकर्माणि निश्चितम्।
कविः साक्षन्निहंता स्यान्मारकत्वेन लक्षितः॥

মেষ লগ্নে জন্মগ্রহণ করা জাতককে শনি, বুধ আর শুক্র পাপফল প্রদান করে এবং বৃহস্পতি আর সূর্য শুভফল প্রদান করে! শনি-বৃহস্পতি যোগ শুভ ফলদায়ক হয় না... কিন্তু সহায়ক হয়! বৃহস্পতি পারতন্ত্র হওয়ার কারণে (ব্যয়েশ হওয়ার কারণে পাপ-সম্বন্ধ দ্বারা) পাপফল প্রদান করাও নিশ্চিত হয়! শুক্র সাক্ষাৎ 'মারকেশ' হয়!

নোট ঃ মেষ লগ্নের স্বামী মঙ্গল লগ্নেশ হওয়ার কারণে শুভ এবং অষ্টমেশ হওয়ার কারণে অশুভ ফলদায়ক হয়! শনি কেন্দ্রাধিপতি হওয়ার কারণে শুভ হয়... কিন্তু লাভাধিপতি হওয়ার কারণে পাপী হয়ে উঠেছে! বুধ তৃতীয় এবং ষষ্ঠ ভাবের অধিপতি হওয়ার কারণে অশুভ হয়... শুক্র মারক স্থান (দ্বিতীয় এবং সপ্তম)-য়ের স্বামী অর্থাৎ কেন্দ্রেশ হওয়ার কারণে অশুভ... সূর্য পঞ্চম ভাবের স্বামী হওয়ায় শুভ... বৃহস্পতি ভাগ্যেশ আর ব্যয়েশ হওয়ার কারণে নিজের সহযোগীর অনুসারে পাপফল প্রদানকারীও হতে পারে!

লাভদায়ক রত্ন ঃ

মাণিক (Ruby) ঃ এটা হচেছ সূর্যের রত্ন! সূর্য এখানে প্রথম, পঞ্চম এবং নবম ভাবের মিত্র হয়! এজন্য মেষ লগ্নের জাতকদের মাণিক (Ruby) ধারণ করা লাভদায়ক হবে! এটা তাঁদের স্বাস্থ্য, শিক্ষা, সন্তান এবং ভাগ্যে বৃদ্ধি করবে! সূর্যের মহাদশায় মাণিক ধারণ করাটা অত্যন্ত লাভদায়ক হয়!

মুক্তা (Pearl) ঃ এটা হচেছ চন্দ্রের রত্ন! চন্দ্র চতুর্থ ভাব, মাতা এবং সম্পত্তির স্বামী হয়! চন্দ্র-মঙ্গল যোগ ধনাঢ্য যোগের সৃষ্টি করে অর্থাৎ ধন-সম্পত্তি প্রদান করে! চন্দ্রের মহাদশায় মুক্তা ধারণ করাটা বেশী লাভদায়ক হয়!

মুঙ্গা (Coral) ঃ এটা হচেছ মঙ্গলের রত্ন! মেষ রাশির জাতকদের পক্ষে এটা 'জীবন-রত্ন' হয়! এটা তাঁদের সারাটা জীবন ধারণ করে থাকা উচিত!

পোখরাজ (Yellow Sapphire) ঃ এটা হচেছ বৃহস্পতির রত্ন! এটা নবম আর দ্বাদশ ভাবের স্বামী হয়! বৃহস্পতির মহাদশায় পোখরাজ ধারণ করা লাভ প্রদান করে!

ক্ষতিকারক রত্ন ঃ

হীরা (Diamond) ঃ এটা হচেছ শুক্রের রত্ন! শুক্র দ্বিতীয় আর সপ্তম ভাবের স্বামী হয়... কিন্তু এটা অত্যন্ত মারকেশও হয়! এটা লগ্নেশ মিত্র হয় না... এজন্য এটা ধারণ করা ক্ষতিকারক হয়!

পান্না (Emereld) ঃ এটা হচেছ বুধের রত্ন! বুধ অনিষ্টকারক তৃতীয় আর ষষ্ঠ ভাবের স্বামী হয়! এটা লগ্নেশ মঙ্গলের শত্রুও হয়... সুতরাং এটা ধারণ করা ক্ষতিকারক হয়!

নীলা (Blue Sapphire) ঃ এটা হচেছ শনির রত্ন! শনি দশম আর একাদশ ভাবের স্বামী হয়! এটা মঙ্গলের মিত্র গ্রহ সূর্য, চন্দ্র আর বৃহস্পতির শত্রু হয়... তাই এটা মঙ্গলেরও শত্রু হয়! এজন্য মেষ রাশির জাতকদের পক্ষে নীলা ধারণ করা অত্যন্ত ক্ষতিকারক হয়!

বৃষ জন্ম লগ্নের ব্যক্তিদের জন্য ঃ

বৃষ জন্ম লগ্নের ব্যক্তিদের কুণ্ডলী

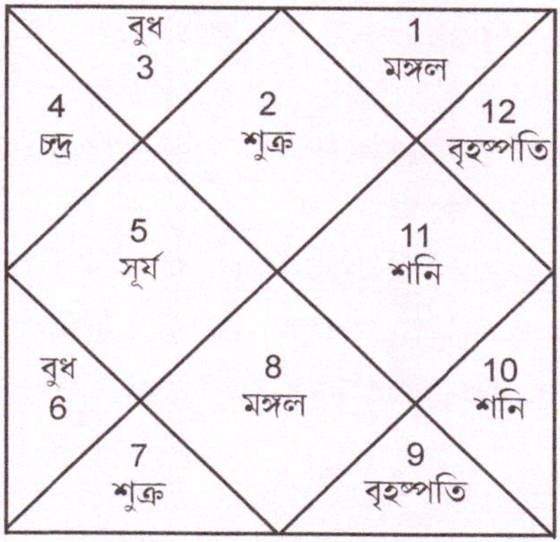

जीवशुक्रेन्दवः पापाः शुभौ शनिदिवाकरौ।
राजयोगकरः साक्षादेक एव रवेः सुतः।।
जीवादयो ग्रहाः पापाः संति मारकलक्षणाः।
बुधः स्वल्पफलान्येवं ज्ञेयानि वृषजन्मनः।।

বৃষ লগ্নের জাতকদের বৃহস্পতি, শুক্র, চন্দ্র পাপফল প্রদান করে এবং শনি-সূর্য বৃষ লগ্নের জাতকদের পক্ষে শুভ ফলদায়ক আর রাজযোগ কারক হয়! বৃহস্পতি, শুক্র আর চন্দ্র – এই সব গ্রহ মারকেশও হয় এবং বুধ অল্প মাত্রায় শুভ ফল প্রদান করে! এমন লক্ষণ বৃষ লগ্নের জাতকদের ক্ষেত্রে দেখতে পাওয়া যায়!

নোট ঃ বৃষ লগ্নের স্বামী হওয়ার কারণে শুভ এবং ষষ্ঠ (শত্রু) ভাবের স্বামী হওয়ার কারণে অশুভও হয়! শনি ভাগ্যেশ আর কেন্দ্রাধিপতি হওয়ার কারণে শুভ হয়! বুধ ধনভাব আর পঞ্চমেশ হওয়ার কারণে শুভ হয়! চন্দ্র তৃতীয় ভাবের স্বামী হওয়ার কারণে অশুভ... সূর্য চতুর্থ (সম্পত্তি) ভাবের স্বামী এবং কেন্দ্রাধিপতি হওয়ার কারণে শুভ হয়... কিন্তু লগ্নেশ শুক্রের শত্রু হওয়ার কারণে অশুভও হয়! মঙ্গল সপ্তম ভাব, মারক স্থান এবং দ্বাদশ (ক্ষতি) ভাবের স্বামী হওয়ার কারণে অশুভ হয় এবং বৃহস্পতি অষ্টম (মৃত্যু) ভাবের স্বামী আর লগ্নেশ শুক্রের শত্রু হওয়ার কারণে অশুভ ফলদায়ক হয়!

লাভদায়ক রত্ন ঃ

মাণিক (Ruby) ঃ এটা হচ্ছে সূর্যের রত্ন! এটা কুণ্ডলীতে চতুর্থ (সম্পত্তি) ভাবের স্বামী হওয়ার কারণে লাভদায়ক হয়... এটা ধারণ করা যেতে পারে!

নীলা (Blue Sapphire) ঃ এটা হচ্ছে শনির রত্ন! এটা বৃষ লগ্নের কুণ্ডলীতে নবম (ভাগ্য) এবং দশম (ব্যবসা) ভাবের স্বামী হয়! নীলা **(Blue Sapphire)** বৃষ লগ্নের জাতকদের পক্ষে 'জীবন-রত্ন' হয়! এটা হীরার সাথে ধারণ করাা অত্যন্ত লাভদায়ক হয়!

পান্না (Emereld) ঃ এটা হচ্ছে বুধের রত্ন! এটা কুণ্ডলীতে দ্বিতীয় (ধন) এবং পঞ্চম (বিদ্যা, সন্তান) ভাবের স্বামী হয়! পঞ্চম ভাব, ত্রিকোণের স্বামী হয়ে এটা লাভদায়ক হয়! এটা হীরার সাথে ধারণ করলে অত্যন্ত লাভদায়ক হয়!

ক্ষতিকারক রত্ন ঃ

মুক্তা (Pearl) ঃ এটা হচ্ছে চন্দ্রের রত্ন! এটা বৃষ লগ্নের কুণ্ডলীতে তৃতীয় ভাবের স্বামী হয়... যেটা শুভ হয় না! সুতরাং বৃষ লগ্নের জাতকদের পক্ষে মুক্তা ধারণ করাটা শুভ হয় না!

হীরা (Diamond) ঃ এটা হচ্ছে শুক্রের রত্ন! কুণ্ডলীতে লগ্ন ভাবের স্বামী শুক্র স্বাস্থ্যের পক্ষে ক্ষতিকারক হয় এবং ষষ্ঠ (শত্রু) ভাবের স্বামী হওয়ার কারণে পাপ ফলদায়ক হয়!

মুঙ্গা (Coral) ঃ এটা হচ্ছে মঙ্গলের রত্ন! এটা কুণ্ডলীতে সপ্তম (বিবাহ) এবং দ্বাদশ (ব্যয়) ভাবের স্বামী হয়! এটা লগ্নেশ শুক্রের শত্রু হয়... এজন্য মুঙ্গা ধারণ করাটা শুভ হয় না!

পোখরাজ (Yellow Sapphire) ঃ এটা হচ্ছে বৃহস্পতির রত্ন! বৃহস্পতি কুণ্ডলীতে লগ্নেশ শুক্রের শত্রু হয় এবং এটা অস্টমেশ হওয়ার কারণে অশুভও হয়! এজন্য এটা ধারণ করা উচিত নয়!

মিথুন জন্ম লগ্নের ব্যক্তিদের জন্য ঃ

মিথুন জন্ম লগ্নের ব্যক্তিদের কুণ্ডলী

भौमजीवारुणः पापा एक एव कविः शुभः।
शनैश्चरेण जीवस्य योगो मेषभवो यथा।।
नायं शशी निहंता स्याल्लक्षणं पापनिष्फलम्।
ज्ञातव्यानि द्वंद्वजस्य फलान्येतानि सूरिभिः।।

মিথুন লগ্নের জাতকদের মঙ্গল, বৃহস্পতি এবং সূর্য পাপফল প্রদান করে... কেবল একমাত্র শুক্র শুভ ফল প্রদান করে! শনি-বৃহস্পতির যোগ মেষ লগ্নের জাতকদের মতই ফলদায়ক হয়! চন্দ্র মারক হয় না... কিন্তু সাহচর্যানুসার ফল প্রদান করে! এই প্রকার মিথুন লগ্নের জাতকদের শুভ-অশুভ ফল বিচার করা উচিত!

নোট ঃ এখানে মিথুন লগ্নের স্বামী হওয়ার কারণে বুধ লগ্নেশ আর চতুর্থ ভাবের স্বামী হওয়ার কারণে শুভ হয়! শুক্র পঞ্চমেশ আর ব্যয়েশ হয়! বুধের মিত্র হওয়ার কারণে শুভ হয় এবং শনি অষ্টমেশ আর ব্যয়েশ হওয়ার সাথে-সাথে লগ্নেশ বুধের মিত্রও হয়! এজন্য শুভ হয়! চন্দ্র এখানে লগ্নেশ বুধের মিত্র নয়! সূর্য তৃতীয় ভাবের স্বামী আর বুধের মিত্র না হওয়ার কারণে শুভ হয় না... মঙ্গল আর বুধের মধ্যে শত্রুতা রয়েছে এবং বৃহস্পতি সপ্তম ভাবের স্বামী হওয়ার কারণে 'মারকেশ' এবং দশম ভাবে কেন্দ্রাধিপতি দোষ দ্বারা যুক্ত হওয়ার সাথে-সাথে বুধের মিত্র না হওয়ার কারণে শুভ হয় না!

লাভদায়ক রত্ন ঃ

পান্না (Emereld) ঃ এটা হচ্ছে বুধের রত্ন! এটা মিথুন লগ্নের কুণ্ডলীতে প্রথম ভাবের স্বামী লগ্নেশ এবং চতুর্থ (সম্পত্তি) ভাবের স্বামী চতুর্থেশ! মিথুন

রাশির জাতকদের পক্ষে এটা 'জীবন-রত্ন' হয়... তাঁদের এটা সারাটা জীবন পরে থাকা উচিত!

হীরা (Diamond) ঃ এটা হচেছ শুক্রের রত্ন! পঞ্চমে শুক্রের মূল-ত্রিকোণ রয়েছে... শুক্র আর লগ্নেশের মধ্যে পারস্পরিক মিত্রতা থাকায় হীরা ধারণ করাটা শুভ ফলদায়ক হয়!

নীলা (Blue Sapphire) ঃ এটা হচেছ শনির রত্ন! এটা কুণ্ডলীতে অষ্টম আর নবম ভাবের স্বামী হওয়ার কারণে এটাকে লগ্নের পক্ষে শুভ মানা হয়েছে! শনির সাথে বুধের মিত্রতা রয়েছে... যখন কি বুধের সাথে শনির সম্পর্ক অত্যন্ত স্বাভাবিক **(Natural)**! শনির মহাদশায় এটা পান্নার সাথে ধারণ করাটা বেশী লাভদায়ক হয়!

ক্ষতিকারক রত্ন ঃ

মাণিক (Ruby) ঃ এটা হচেছ সূর্যের রত্ন! কুণ্ডলীতে এটা তৃতীয় ভাবের স্বামী! লগ্নেশ বুধের সাথে এর মিত্রতা নেই... এজন্য মাণিক ধারণ করাটা শুভ হয় না!

মুক্তা (Pearl) ঃ এটা হচেছ চন্দ্রের রত্ন! কুণ্ডলীতে এটা দ্বিতীয় ভাবের স্বামী ধনেশ হওয়ার কারণে এটা মারকেশও হয়... চন্দ্রের সাথে বুধের পারস্পরিক মিত্রতাও নেই! এজন্য মুক্তা **(Pearl)** ধারণ করাটা উচিত নয়!

মুঙ্গা (Coral) ঃ এটা হচেছ মঙ্গলের রত্ন! কুণ্ডলীতে মঙ্গল ষষ্ঠ (শত্রু, রোগ) এবং একাদশ (লাভ) ভাবের স্বামী! মঙ্গল আর বুধের মধ্যে পারস্পরিক মিত্রতা নেই... এজন্য এরা পরস্পরের থেকে দূরে থাকলেই ভালো হয়! যদি মঙ্গল ষষ্ঠ ভাবে অবস্থিত থাকে, তাহলে এটা মঙ্গলের মহাদশায় ধারণ করা যেতে পারে!

পোখরাজ (Yellow Sapphire) ঃ এটা হচেছ বৃহস্পতির রত্ন! বৃহস্পতি কুণ্ডলীতে সপ্তম আর দশম ভাবের স্বামী এবং কেন্দ্রাধিপতি দোষে যুক্ত হয়! সপ্তম ভাবের স্বামী হওয়ার কারণে এটা 'মারকেশ'-ও হয়! বৃহস্পতি সোনা আর আর বুধ পারা হয়! সোনা + পারা = মাটি হয়! সোনাকে পারার থেকে দূরেই রাখা উচিত অর্থাৎ বৃহস্পতি আর বুধের মধ্যে পারস্পরিক মিত্রতা না থাকায় মিথুন লগ্নের জাতকদের পোখরাজ ধারণ করা উচিত নয়!

কর্কট জন্ম লগ্নের ব্যক্তিদের জন্য ঃ

কর্কট জন্ম লগ্নের ব্যক্তিদের কুণ্ডলী

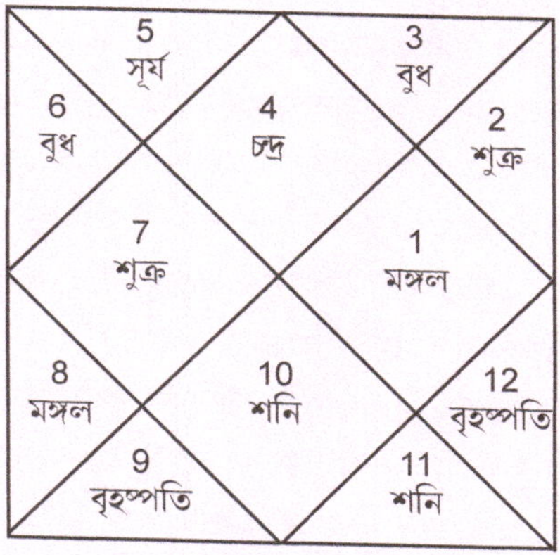

भार्गवेन्दुसुतौ पापौ भौमेज्यशशिनः शुभाः।
एकग्रहस्तु भवेत्साक्षान्महीसुतौ योगकारकः॥
निहन्ता रविजोऽन्ये च साहचर्यात्फलप्रदाः।
कुलीरसंभवस्यैव फलान्युक्तानि सूरिभिः॥

কর্কট লগ্নের জাতকদের শুক্র-বুধ পাপফল প্রদান করে এবং মঙ্গল, বৃহস্পতি আর চন্দ্র শুভ ফল প্রদান করে! কেবল মঙ্গলই কর্কট লগ্নের জাতকদের পক্ষে রাজযোগ কারক হয়! শনি 'মারকেশ' হয় এবং অন্যান্য গ্রহ সাহচর্য অনুসারে ফল প্রদান করে! কর্কট লগ্নের জাতকদের এমনটাই ফল হয়!

নোট ঃ চন্দ্র লগ্নের স্বামী হওয়ার কারণে জীবনদায়ী শুভ গ্রহ হয়! সূর্য ধন ভাবের স্বামী এবং চন্দ্রের মিত্র হওয়ার কারণে শুভ হয়... কিন্তু দ্বিতীয় ভাবে 'মারকেশ' হওয়ার কারণে অশুভ-ও হয়! মঙ্গল পঞ্চম এবং দশম ভাবের স্বামী হওয়ার সাথে-সাথে লগ্নেশ চন্দ্রের মিত্রও হয়... সুতরাং শুভ হয়! বৃহস্পতি লগ্নেশ চন্দ্রের মিত্র এবং নবম ভাবের স্বামী হওয়ার কারণে শুভ হয়! বুধ তৃতীয় ভাবের স্বামী এবং চন্দ্রের মিত্র না হওয়ার কারণে অশুভ হয়, শনি সপ্তম ভাবের স্বামী 'মারকেশ' এবং অষ্টম (দুঃখ) ভাবের স্বামী হওয়ার সাথে-সাথে চন্দ্রের শত্রু হওয়ার কারণে শুভ হয় না! শুক্র এখানে লগ্নেশ চন্দ্রের মিত্র নয়... এজন্য শুভ ফল প্রদান করবে না!

লাভদায়ক রত্ন ঃ

মুক্তা (Pearl) ঃ এটা হচ্ছে চন্দ্রের রত্ন! এটা কুণ্ডলীতে লগ্নের স্বামী অর্থাৎ

লগ্নেশ হয়! কর্কট রাশির জাতকদের পক্ষে এটা 'জীবন-রত্ন' হয়! এটা ধারণ করা লাভদায়ক হয় আর যদি এটাকে মুঙ্গার সাথে ধারণ করা হয়, তাহলে সেটা আরও বেশী লাভ প্রদান করে!

মাণিক (Ruby) ঃ এটা হচেছ সূর্যের রত্ন! কুণ্ডলীতে সূর্য ধন ভাবের স্বামী ধনেশ, লগ্নেশ চন্দ্রের মিত্র হওয়ার সাথে-সাথে 'মারক'-ও হয়! ধনাভাব বা চোখের রোগে এটা মুক্তার সাথে ধারণ করাটা লাভদায়ক হয়!

মুঙ্গা (Coral) ঃ এটা হচেছ মঙ্গলের রত্ন! কুণ্ডলীতে এটা পঞ্চম ত্রিকোণ এবং দশম ভাবের স্বামীও হয়! লগ্নেশ চন্দ্রের সাথে এটা যোগকারকও হয়! মুক্তার সাথে এটা ধারণ করা বেশী লাভদায়ক হবে!

পোখরাজ (Yellow Sapphire) ঃ এটা হচেছ বৃহস্পতির রত্ন! এটা কুণ্ডলীতে ষষ্ঠ (শত্রু) ভাব এবং নবম (ভাগ্য) ভাবের স্বামী হয়! কর্কট লগ্নের জাতকদের পক্ষে এটা শুভ হয়! এটা যদি মুক্তা বা মুঙ্গার সাথে ধারণ করা যায়... তাহলে সেটা আরও বেশী লাভদায়ক হয়!

ক্ষতিকারক রত্ন ঃ

পান্না (Emereld) ঃ এটা হচেছ বুধের রত্ন! এটা কুণ্ডলীতে অশুভ ভাব তৃতীয় এবং দ্বাদশ ভাবের স্বামী হয়! লগ্নেশ চন্দ্রের সাথে মিত্রতা না থাকার কারণে এটা ধারণ করা শুভ হয় না!

হীরা (Diamond) ঃ এটা হচেছ শুক্রের রত্ন! কুণ্ডলীতে এটা চতুর্থ (সম্পত্তি) এবং একাদশ (লাভ) ভাবের স্বামী হয়! শুক্র, চন্দ্রের মিত্র না হওয়ার কারণে শুভ হয় না! তবে এটাকে শুক্রের মহাদশায় ধারণ করা যেতে পারে!

নীলা (Blue Sapphire) ঃ এটা হচেছ শনির রত্ন! শনি কুণ্ডলীতে সপ্তম (মারক) এবং অষ্টম (দুঃখ) ভাবের স্বামী হয়! এটাকে অশুভ গ্রহ হিসেবে মানা হয়েছে! শনি আর চন্দ্র পরস্পরের মিত্র হয় না... এজন্য কর্কট লগ্নের জাতকদের নীলা ধারণ করা উচিত নয়!

সিংহ জন্ম লগ্নের ব্যক্তিদের জন্য ঃ

সিংহ জন্ম লগ্নের ব্যক্তিদের কুণ্ডলী

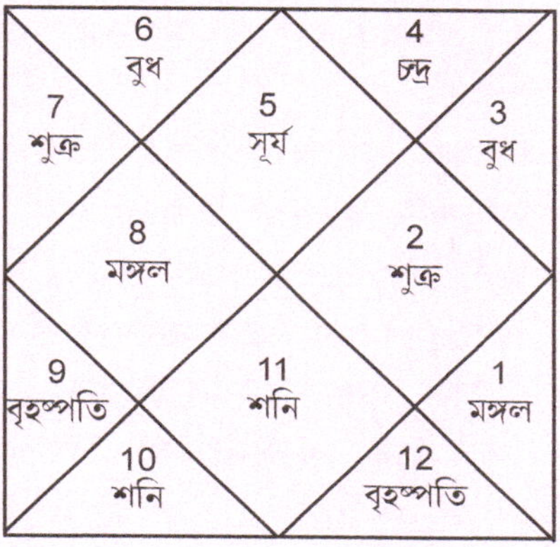

बुधशुक्रार्कजाः पापाः भौमेज्यार्काः शुभप्रदाः।
प्रभवेद्योगमात्रेण न शुभं गुरु-शुक्रयोः॥
घ्नंति सौम्यादयः पापा मारकत्वेन लक्षिताः।
एवं फलानि वेद्यानि सिंहे यस्य जनुर्भवेत्॥

সিংহ লগ্নের জাতকদের বুধ এবং শনি পাপফল প্রদান করে এবং মঙ্গ, বৃহস্পতি আর সূর্য শুভ ফল প্রদান করে! বৃহস্পতি আর শুক্রের যোগমাত্রের কারণে শুভ ফল প্রাপ্ত হয় না! বুধ পাপ গ্রহগুলোর সাহচর্যে 'মারকেশ' হয়! সিংহ লগ্নের জাতকদের এমনটাই ফল প্রাপ্ত হয়!

নোট ঃ এখানে সূর্য লগ্নের স্বামী হওয়ার কারণে শুভ হয়! বৃহস্পতি পঞ্চম আর অষ্টম ভাবের স্বামী সূর্যের মিত্র হওয়ার কারণে শুভ... মঙ্গল চতুর্থেশ আর ভাগ্যেশ হওয়ার সাথে-সাথে সূর্যের মিত্রও হয় – এজন্য শুভ ফলদায়ক হয়! চন্দ্র সূর্যের মিত্র তো হয়... কিন্তু দ্বাদশ (ক্ষতি) ভাবের স্বামী হওয়ার কারণে শুভ ফল প্রদান করবে না! শুক্র তৃতীয় ভাবের স্বামী এবং সূর্যের শত্রু হয়... শনি ষষ্ঠ (শত্রু) ভাব এবং সপ্তমে 'মারকেশ' হওয়ার সাথে-সাথে সূর্যের শত্রুও হয়, এজন্য ক্ষতিকারক হয়! বুধ দ্বিতীয় ভাবের স্বামী হওয়ার কারণে 'মারকেশ' এবং সূর্যের সাথে মিত্রতা না থাকার কারণে পাপফল প্রদান করে!

লাভদায়ক রত্ন ঃ

মাণিক (Ruby) ঃ এটা হচেছ সূর্যের রত্ন! কুণ্ডলীতে সূর্য লগ্নেশ হওয়ার

কারণে অত্যন্ত শুভ হয়! সিংহ রাশির জাতকদের পক্ষে এটা 'জীবন-রত্ন' হয়... তাঁদের এটা অবশ্যই ধারণ করা উচিত!

মুক্তা (Pearl) ঃ এটা হচেছ চন্দ্রের রত্ন! কুণ্ডলীতে চন্দ্র দ্বাদশ (ব্যয় এবং ক্ষতি) ভাবের স্বামী হয়! এজন্য কেবল চন্দ্রের মহাদশায় এটা ধারণ করা যেতে পারে!

মুঙ্গা (Coral) ঃ এটা হচেছ মঙ্গলের রত্ন! কুণ্ডলীতে মঙ্গল চতুর্থ (সম্পত্তি) এবং নবম (ভাগ্য) ভাবের স্বামী হয়! মুঙ্গা ধারণ করাটা অত্যন্ত লাভদায়ক হয়! লগ্নেশ সূর্যের রত্ন মাণিকের সাথে এটা ধারণ করা বিশেষ ফলদায়ক হয়!

পোখরাজ (Yellow Sapphire) ঃ এটা হচেছ বৃহস্পতির রত্ন! কুণ্ডলীতে বৃহস্পতি পঞ্চম ত্রিকোণ (বিদ্যা, সন্তান) এবং অস্টম (আয়) ভাবের স্বামী হয়! লগ্নেশ সূর্যের মিত্র হওয়ার কারণে মাণিকের সাথে এটা ধারণ করলে অত্যন্ত লাভদায়ক হয়!

ক্ষতিকারক রত্ন ঃ

পান্না (Emereld) ঃ এটা হচেছ বুধের রত্ন! এটা কুণ্ডলীতে দ্বিতীয় (ধন) এবং একাদশ (লাভ) ভাবের স্বামী হয়! দ্বিতীয়েশ হওয়ার কারণে এটা 'মারক'-ও হয়! বুধ আর সূর্য পরস্পরের মিত্র হয় না... সুতরাং পান্না ধারণ করা লাভ প্রদান করে না! তবে মহাদশায় ধারণ বরা যেতে পারে!

হীরা (Diamond) ঃ এটা হচেছ শুক্রের রত্ন! এটা কুণ্ডলীতে তৃতীয় এবং দশম ভাবের স্বামী হয়! শুক্র এবং সূর্য পরস্পরের শত্রু হওয়ায় হীরা ধারণ করাটা ক্ষতিকারক হয়!

নীলা (Blue Sapphire) ঃ এটা হচেছ শনির রত্ন! কুণ্ডলীতে শনি ষষ্ঠ (শত্রু) এবং সপ্তম (বিবাহ, সম্ভোগ) ভাবের স্বামী সপ্তমেশ হওয়ার কারণে 'মারক'-ও হয়! শনি, সূর্যের শত্রুও হয়... এজন্য সিংহ লগ্নের জাতকদের নীলা কখনোই ধারণ করা উচিত নয়!

কন্যা জন্ম লগ্নের ব্যক্তিদের জন্য ঃ

কন্যা জন্ম লগ্নের ব্যক্তিদের কুণ্ডলী

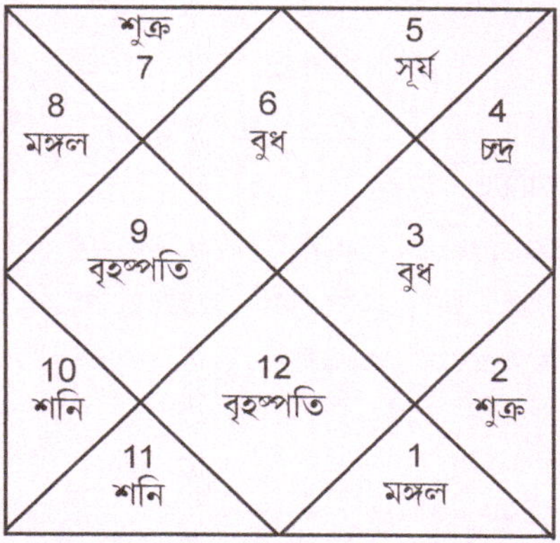

कुजजीवेन्दवः पापा एक एव भृगुः शुभः।
भार्गवेन्दुसुतावेव भवेतां योगकारकौ।।
निहन्ता कविरन्ये तु मारकास्तु कुजादयः।
प्रतीक्षते फलान्युक्तान्येवं कन्याभवे बुधैः।।

কন্যা লগ্নের জাতকদের মঙ্গল, বৃহস্পতি এবং চন্দ্র পাপফল প্রদান করে... একমাত্র শুক্রই শুভ ফলদায়ক হয়! শুক্র আর বুধ যোগকারক হয়! শুক্র 'মারকেশ'-ও হয় এবং মঙ্গল ইত্যাদিরা মারকেশের সাহচর্যে ফল প্রদান করে! এই হচেছ কন্যা লগ্নের জাতকদের ফল!

নোট ঃ এখানে বুধ কন্যা লগ্নের স্বামী এবং লগ্নেশ হওয়ার সাথে-সাথে দশম ভাবেরও স্বামী হয়! এটা শুভ ফলদায়ক হয়... শুক্র দ্বিতীয় এবং নবম ভাবের স্বামী হওয়ার কারণে শুভ হয়... শনি পঞ্চম ভাবের স্বামী হওয়ার কারণে শুভ এবং ষষ্ঠ ভাবের স্বামী হওয়ার কারণে অশুভ হয়... বৃহস্পতি চতুর্থ এবং সপ্তম ভাবের স্বামী এবং লগ্নেশ বুধের শত্রু হওয়ার কারণে অশুভ ফলদায়ক হয়... সূর্য দ্বাদশ ভাবের স্বামী এবং লগ্নেশ বুধের শত্রু হওয়ার কারণে অশুভ ফলদায়ক হয়... মঙ্গল তৃতীয় এবং অষ্টম ভাবের স্বামী এবং লগ্নেশ বুধের শত্রু হওয়ার কারণে অশুভ ফলদায়ক হয়!

লাভদায়ক রত্ন ঃ

পান্না (Emereld) ঃ এটা হচেছ বুধের রত্ন! লগ্ন কুণ্ডলীতে বুধ লগ্নেশ

এবং দশম ভাবের স্বামী... এজন্য পান্না কন্যা রাশির জাতকদের পক্ষে 'জীবন-রত্ন' হয়... তাঁদের এটা অবশ্যই ধারণ করা উচিত!

হীরা (Diamond) ঃ এটা হচেছ শুক্রের রত্ন! এটা কুণ্ডলীতে দ্বিতীয় (লাভ) এবং নবম (ভাগ্য) ভাবের স্বামী হয়! বুধ আর শুক্র পরস্পরের মিত্র আর যোগকারক হওয়ায় অত্যন্ত লাভদায়ক হয়! কন্যা লগ্নের জাতকদের হীরা অবশ্যই ধারণ করা উচিত!

নীলা (Blue Sapphire) ঃ এটা হচেছ শনির রত্ন! এটা কুণ্ডলীতে পঞ্চম এবং ষষ্ঠ ভাবের স্বামী হয়! শনি আর বুধ পরস্পরের মিত্র হয়... এজন্য শনির মহাদশাতেই এটা ধারণ করা শুভ হয়!

ক্ষতিকারক রত্ন ঃ

মাণিক (Ruby) ঃ এটা হচেছ সূর্যের রত্ন! কুণ্ডলীতে এটা দ্বাদশ (ব্যয়-ক্ষতি) ভাবের স্বামী হয় এবং লগ্নেশ বুধের শত্রু হয়... এজন্য মাণিক ধারণ করা উচিত নয়!

মুক্তা (Pearl) ঃ এটা হচেছ চন্দ্রের রত্ন! এটা কুণ্ডলীতে একাদশ (লাভ) ভাবের স্বামী হয়! চন্দ্র এবং বুধ পরস্পরের মিত্র হয় না... এজন্য মুক্তা ধারণ করাটা কন্যা লগ্নের জাতকদের পক্ষে শুভ হয় না! কেবল মহাদশাতেই এটা ধারণ করা যেতে পারে!

মুঙ্গা (Coral) ঃ এটা হচেছ মঙ্গলের রত্ন! কুণ্ডলীতে এটা অশুভ তৃতীয় এবং অষ্টম ভাবের স্বামী হয়! মঙ্গল আর বুধ পরস্পরের শত্রু হওয়ার কারণে কন্যা লগ্নের জাতকদের মুঙ্গা কখনো ধারণ করা উচিত নয়!

পোখরাজ (Yellow Sapphire) ঃ এটা হচেছ বৃহস্পতির রত্ন! এটা কুণ্ডলীতে চতুর্থ এবং সপ্তম ভাবের স্বামী হয়! এটা কেন্দ্রাধিপতি দোষে দূষিত এবং প্রবল মারকেশ হয়! বৃহস্পতি এবং বুধ পরস্পরের মিত্র না হওয়ার কারণে এটা ধারণ করা লাভদায়ক হয় না!

তুলা জন্ম লগ্নের ব্যক্তিদের জন্য ঃ

তুলা জন্ম লগ্নের ব্যক্তিদের কুণ্ডলী

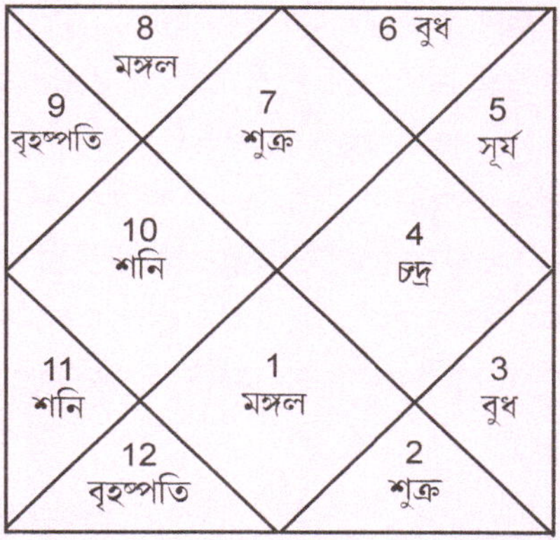

जीवार्कमहीजाः पापाः शनैश्चरबुधौ शुभौ।
भवेतां राजयोगस्य कारकौ चंद्रतत्सुतौ।।
कुजो निहंति जीवाद्याः परे मारकलक्षणाः।
निहंतारः फलान्येवं काव्यो न तु तुलाभवः।।

তুলা লগ্নের জাতকদের বৃহস্পতি, সূর্য এবং মঙ্গল পাপফল প্রদান করে এবং শনি-বুধ শুভ ফলদাতা আর চন্দ্র-বুধ রাজযোগ কারক হয়! মঙ্গল 'মারকেশ' হয়! বৃহস্পতি ইত্যাদি অন্য যেসব গ্রহ 'মারকেশ' লক্ষণ যুক্ত হয়, তারা অনিষ্টকারক এবং শুক্র শুভ ফলদায়ক হয়! এই হচ্ছে তুলা লগ্নের জাতকদের ফল!

নোট ঃ শুক্র, লগ্ন ভাবের স্বামী হওয়ার কারণে শুভ হয়... শনি চতুর্থ এবং পঞ্চম ভাবের স্বামী হওয়ার কারণে শুভ... বুধ নবম ভাবের স্বামী হওয়ার কারণে শুভ... সূর্য একাদশ ভাবের স্বামী এবং শুক্রের শত্রু হওয়ার কারণে অশুভ... বৃহস্পতি তৃতীয় এবং ষষ্ঠ ভাবের স্বামী হওয়ার কারণে অশুভ... চন্দ্র দশম ভাবের স্বামী হওয়ার কারণে স্বাভাবিক এবং মঙ্গল দ্বিতীয় আর সপ্তম ভাবের স্বামী পাপ গ্রহ হওয়ার কারণে অশুভ ফলদায়ক হয়!

লাভদায়ক রত্ন ঃ

হীরা (Diamond) ঃ এটা হচ্ছে শুক্রের রত্ন! কুণ্ডলীতে এটা লগ্নেশ (স্বাস্থ্য) এবং অষ্টমেশ (মৃত্যু) ভাবের স্বামী হয়! লগ্নেশের অষ্টমেশ ভাবের

দোষ লাগে না... এজন্য তুলা রাশির জাতকদের পক্ষে এটা 'জীবন-রত্ন' হয়! তাঁদের এটা অবশ্যই ধারণ করা উচিত!

পান্না (Emereld) ঃ এটা হচেছ বুধের রত্ন! এটা কুণ্ডলীতে নবম আর দ্বাদশ ভাবের স্বামী হয়! দ্বাদশ ভাবে মূল-ত্রিকোণ রাশি 'কন্যা' পড়ে আর নবম ত্রিকোণের স্বামী হওয়ার কারণে পান্না ধারণ করাটা শুভ হয়! এটা হীরার সাথে ধারণ করাটা অত্যন্ত শুভ ফলদায়ক হয়!

নীলা (Blue Sapphire) ঃ এটা হচেছ শনির রত্ন! কুণ্ডলীতে চতুর্থ (সম্পত্তি) এবং পঞ্চম (বিদ্যা, সন্তান) ভাবের স্বামী হওয়ার কারণে তুলা লগ্নের জাতকদের পক্ষে অত্যন্ত লাভদায়ক হয়... একে যোগকারক গ্রহ হিসেবেও মানা হয়েছে! এটা হীরা বা পান্নার সাথে ধারণ করাটা আরও বেশী লাভদায়ক হয়!

ক্ষতিকারক রত্ন ঃ

মাণিক (Ruby) ঃ এটা হচেছ সূর্যের রত্ন! এটা লগ্নেশ শুক্রের শত্রু হয়... কিন্তু কুণ্ডলীতে এটা একাদশ ভাবের স্বামীও হয়... এজন্য এটাকে কেবলমাত্র সূর্যের মহাদশাতেই ধারণ করা যেতে পারে!

মুক্তা (Pearl) ঃ এটা হচেছ চন্দ্রের রত্ন! লগ্নেশ শুক্রের সাথে ভালো সম্পর্ক তা থাকার কারণে মুক্তা ধারণ করা শুভ হয় না! কুণ্ডলীতে চন্দ্র দশমেশ (ব্যবসা) ভাবের স্বামীও হয়! যদি জাতকের জন্ম লগ্ন কুণ্ডলীতে চন্দ্র 6, 8 বা 12 ভাবে না থাকে... তাহলে চন্দ্রের মহাদশায় এটা ধারণ করা যেতে পারে!

মুঙ্গা (Coral) ঃ এটা হচেছ মঙ্গলের রত্ন! এটা হনুমান জী-র প্রতীক হয়! স্ত্রী শুক্র-রত্ন হীরাকে বর্জন করে! কুণ্ডলীতে এটা ধনেশ আর সপ্তমেশ হওয়ার কারণে 'মারকেশ'-ও হয়... এজন্য মুঙ্গা ধারণ করা শুভ হয় না!

পোখরাজ (Yellow Sapphire) ঃ এটা হচেছ বৃহস্পতির রত্ন! এটা বিদ্যা আর আধ্যাত্মের সাথে যুক্ত হয়ে থাকে... যখন কি শুক্র-রত্ন হীরা সেক্স আর মৌজ-মস্তির সাথে যুক্ত হয়ে থাকে! এই দুটোর স্বভাব পরস্পরের ঠিক বিপরীত হয়! কুণ্ডলীতে বৃহস্পতি অশুভ তৃতীয় আর ষষ্ঠ ভাবের স্বামী হয়... এজন্য তুলা লগ্নের জাতকদের পক্ষে এটা ধারণ করা শুভ হয় না!

বৃশ্চিক জন্ম লগ্নের ব্যক্তিদের জন্য ঃ

বৃশ্চিক জন্ম লগ্নের ব্যক্তিদের কুণ্ডলী

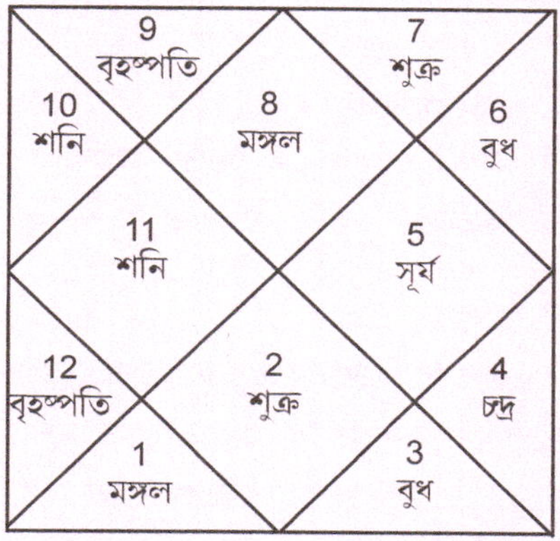

सौम्यभौमसिताः पापाः शुभौ गुरुनिशाकरौ।
सूर्यचन्द्रमसावेव भवेतां योगकारकौ।।
जीवोनिहंता सौम्याद्याहंतारो मारकाह्वयाः।
तत्तत्फलानि विज्ञान्येवं वृश्चिकजन्मनः।।

বৃশ্চিক লগ্নের জাতকদের বুধ, মঙ্গল আর শুক্র পাপফল প্রদান করে এবং বৃহস্পতি আর চন্দ্র শুভ ফল প্রদান করে! সূর্য-চন্দ্র যোগকারক হয়! বৃহস্পতি 'মারকেশ' হয়, বুধ ইত্যাদি মারকেশের সমান ফল প্রদান করে! এমনটাই বৃশ্চিক লগ্নের জাতকদের ফল হয়!

নোট ঃ এখানে মঙ্গল জল তত্ত্ব বৃশ্চিক রাশি এবং ষষ্ঠ ভাবের স্বামী হওয়ার কারণে ক্ষতিকারক... কুণ্ডলীতে বুধ অষ্টম আর একাদশ ভাবের স্বামী আর মঙ্গলের শত্রু হওয়ার কারণে ক্ষতিকারক... শুক্র দ্বাদশ আর সপ্তম ভাবের স্বামী আর 'মারকেশ' হওয়ার কারণে অশুভ ফলদায়ক হয়! বৃহস্পতি দ্বিতীয় এবং পঞ্চম ভাবের স্বামী হওয়ার কারণে শুভ... চন্দ্র নবম ভাগ্যেশ হওয়ার কারণে শুভ ফলদায়ক... সূর্য দশম ভাবের স্বামী আর মঙ্গলের মিত্র হওয়ার কারণে যোগকারক এবং শনি তৃতীয় এবং চতুর্থ ভাবের স্বামী আর মঙ্গলের শত্রু হওয়ার কারণে অশুভ হয়!

লাভদায়ক রত্ন ঃ

মাণিক (Ruby) ঃ এটা হচ্ছে সূর্যের রত্ন! এটা লগ্নেশ মঙ্গলের মিত্র হয়!

কুণ্ডলীতে এটা দশম (ব্যবসা) ভাবের স্বামী হওয়ার কারণে লাভদায়ক হয়!

মুক্তা (Pearl) ঃ এটা হচ্ছে চন্দ্রের রত্ন! এটা মঙ্গলের মিত্র হয়! কুণ্ডলীতে এটা নবম (ভাগ্য) ভাবের স্বামীও হয়... সুতরাং মুক্তা ধারণ করাটা লাভদায়ক হয়!

পোখরাজ (Yellow Sapphire) ঃ এটা হচ্ছে বৃহস্পতির রত্ন! মঙ্গলের মিত্র এবং কুণ্ডলীতে দ্বিতীয় (ধন) এবং পঞ্চম (বিদ্যা, সন্তান) ভাবের স্বামী হওয়ার কারণে বৃশ্চিক লগ্নের জাতকদের পক্ষে পোখরাজ ধারণ করা লাভদায়ক হয়!

ক্ষতিকারক রত্ন ঃ

মুঙ্গা (Coral) ঃ এটা হচ্ছে মঙ্গলের রত্ন! এটা কুণ্ডলীতে লগ্নেশ এবং ষষ্ঠ (শত্রু) ভাবের স্বামীও হয়! ষষ্ঠেশ এবং জল তত্ত্ব লগ্নেশ হওয়ার কারণে মুঙ্গা নীচ প্রভাব বিস্তার করছে... এটা ধারণ করা শুভ হয় না!

হীরা (Diamond) ঃ এটা হচ্ছে শুক্রের রত্ন! কুণ্ডলীতে এটা সপ্তম এবং দ্বাদশ (ব্যয়-ক্ষতি) ভাবের স্বামীও হয়! শুক্র এবং মঙ্গলের মধ্যে পারস্পরিক মিত্রতা নেই! শুক্র সেক্স-মডেল আর অপরাধের প্রতীক হয়... অন্য দিকে মঙ্গল ব্রহ্মচর্য আর হনুমান জী-র প্রতীক হয়! এজন্য বৃশ্চিক লগ্নের জাতকদের পক্ষে হীরা ধারণ করাটা লাভদায়ক হয় না!

পান্না (Emereld) ঃ এটা হচ্ছে বুধের রত্ন! কুণ্ডলীতে বুধ অষ্টম (দুঃখ) ভাব এবং একাদশ ভাবের স্বামী হয়! বুধ স্ত্রী গ্রহ হয়... যেটা অন্য এক স্ত্রী গ্রহ শুক্রের মিত্র হয়! এজন্য এরও মঙ্গলের সাথে শত্রুতা রয়েছে! বৃশ্চিক লগ্নের জাতকদের পান্না ধারণ করা উচিত নয়!

নীলা (Blue Sapphire) ঃ এটা হচ্ছে শনির রত্ন! কুণ্ডলীতে এটা তৃতীয় এবং চতুর্থ ভাবের স্বামী হয়! শনি আর মঙ্গলের মধ্যে পারস্পরিক মিত্রতা নেই! এই দুটোর এক সাথে থাকা লড়াই-ঝগড়া, দুর্ঘটনা এবং অপারেশনের প্রতি ইঙ্গিত করে... এজন্য বৃশ্চিক লগ্নের জাতকদের নীলা ধারণ করা উচিত নয়!

ধনু জন্ম লগ্নের ব্যক্তিদের জন্য ঃ

ধনু জন্ম লগ্নের ব্যক্তিদের কুণ্ডলী

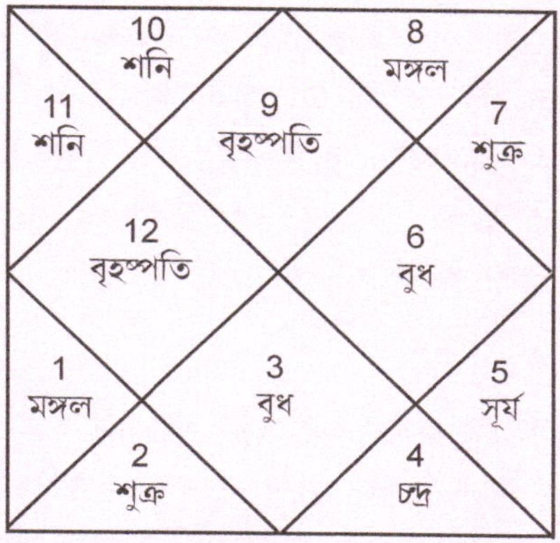

एक एव कविः पापः शुभौ सौम्यदिवाकरौ।
योगोभास्करसौभ्याम्यां निहंता भास्करःसुतः॥
घ्नंति शुक्रादयः पापा मारकत्वेन लक्षिताः।
ज्ञातव्यानि फलान्येवं चापजस्य मनीषिभिः॥

ধনু লগ্নের জাতকদের শুক্র পাপফল প্রদান করে এবং বুধ আর সূর্য শুভ ফল প্রদান করে! সূর্য-বুধের যোগ রাজযোগ কারক হয়! শনি 'মারকেশ' হয়... শুক্র ইত্যাদি গ্রহ মারকেশের সমানই পাপ ফল প্রদান করে! এমনটা হচেছ ধনু লগ্নের জাতকদের ফল!

নোট ঃ এখানে ধনু লগ্নের স্বামী বৃহস্পতি লগ্নেশ আর চতুর্থেশ হওয়ার কারণে শুভ... শনি তৃতীয় ভাব আর দ্বিতীয় মারক স্থানের স্বামী হওয়ার কারণে অশুভ হয়! মঙ্গল পঞ্চমেশ হওয়ার কারণে শুভ এবং ব্যয়েশ হওয়ার কারণে নিজের সহযোগীদের সাথে ক্ষতি প্রদান করতে পারে! শুক্র ষষ্ঠ (শত্রু, রোগ) ভাবের স্বামী হওয়ার কারণে ক্ষতিকারক... বুধ সপ্তমেশ আর মারকেশ হওয়ার কারণে অশুভ... চন্দ্র অষ্টম (দুঃখ) ভাবের স্বামী হওয়ার কারণে ক্ষতিকারক এবং সূর্য নবম (ভাগ্য) ভাবের স্বামী হওয়ার কারণে সুখ প্রদান করে!

লাভদায়ক রত্ন ঃ

পোখরাজ (Yellow Sapphire) ঃ এটা হচেছ বৃহস্পতির রত্ন! কুণ্ডলীতে এটা প্রথম (স্বাস্থ্য) এবং চতুর্থ (সম্পত্তি) ভাবের স্বামী হয়! ধনু রাশির জাতকদের পক্ষে এটা 'জীবন-রত্ন' হয়... তাঁরা এটা রক্ষা-কবচের রূপে ধারণ করতে পারেন!

মহাদশায় এটা ধারণ করা অত্যন্ত লাভদায়ক হয়!

মাণিক (Ruby) ঃ মাণিক হচেছ সূর্যের রত্ন! কুণ্ডলীতে সূর্য নবম (ভাগ্য) ভাবের স্বামী হয় এবং লগ্নেশ বৃহস্পতির মিত্রও হয়! এটা ধারণ করা লাভদায়ক হয়! মহাদশায় বা আবশ্যকতানুসার এটা ধারণ করা যেতে পারে! এটা পোখরাজের সাথে ধারণ করাটা যোগকারক হয়!

মুঙ্গা (Coral) ঃ এটা হচেছ মঙ্গলের রত্ন! এটা কুণ্ডলীতে পঞ্চম ত্রিকোণ এবং দ্বাদশ ভাবের স্বামী হয়! এটা লগ্নেশ বৃহস্পতির মিত্র এবং রক্ষাকারকও হয়... এজন্য মুঙ্গা ধারণ করাটা শুভ হয়!

ক্ষতিকারক রত্ন ঃ

মুক্তা (Pearl) ঃ এটা হচেছ চন্দ্রের রত্ন! এটা ধনু লগ্নের কুণ্ডলীতে অষ্টম (দুঃখ) ভাবের স্বামী হয়... এজন্য মুক্তা ধারণ করা উচিত নয়!

নীলা (Blue Sapphire) ঃ এটা হচেছ শনির রত্ন! কুণ্ডলীতে এটা দ্বিতীয় (মারক) এবং তৃতীয় ভাবের স্বামী হয়! এটা অশুভ গ্রহ তো হয়-ই... তার সাথে-সাথে এটা লগ্নেশ বৃহস্পতির শত্রুও হয়! এজন্য নীলা ধারণ করা উচিত নয়!

হীরা (Diamond) ঃ এটা হচেছ শুক্রের রত্ন! এটা কুণ্ডলীতে ষষ্ঠ (শত্রু) ভাবের স্বামী আর লগ্নেশ বৃহস্পতির শত্রুও হয়... এজন্য এটা ধারণ করা উচিত নয়! একাদশ (লাভ) ভাবের স্বামী হওয়ার কারণে যদি এটা নিজের শুভ ভাবে থাকে... তাহলে মহাদশায় এটা ধারণ করা যেতে পারে!

পান্না (Emereld) ঃ এটা হচেছ বুধের রত্ন! এটা কুণ্ডলীতে সপ্তম আর দশম ভাবের স্বামী হয়! এটা কেন্দ্রাধিপতি দোষে দূষিত এবং লগ্নেশ বৃহস্পতির শত্রুও হয়! এজন্য ধনু লগ্নের জাতকদের পান্না ধারণ করা উচিত নয়!

মকর জন্ম লগ্নের ব্যক্তিদের জন্য ঃ

মকর জন্ম লগ্নের ব্যক্তিদের কুণ্ডলী

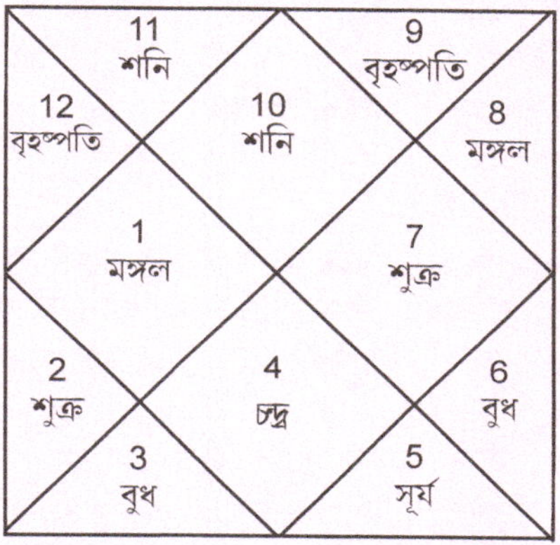

कुजजीवेन्दवः पापाः शुभौ भार्गवचन्द्रजौ।
स्वयं चैव निहंता स्यान्मंदो भौमादयः परे॥
तल्लक्षणानि हंतारः कविरेकः सुयोगकृत्।
ज्ञातव्यानि फलान्येवं विबुधैर्मृगजन्मनः॥

মকর লগ্নের জাতকদের মঙ্গল, বৃহস্পতি আর সূর্য পাপফল প্রদান করে এবং শুক্র আর চন্দ্র শুভ ফল প্রদান করে! শনি 'মারকেশ' হয়... মঙ্গল ইত্যাদি গ্রহের লক্ষণ মারকেশের সমান হওয়ায় সেগুলোও মারকেশ হয়! শুক্র যোগকারক হয়! এমনটাই হচ্ছে মকর লগ্নের জাতকদের ফল!

নোট ঃ এখানে শনি লগ্ন ভাবের স্বামী লগ্নেশ তো বটে... কিন্তু দ্বিতীয় ভাবের স্বামী হওয়ার কারণে 'মারকেশ'-ও হয়! সূর্য অষ্টম ভাবের স্বামী হওয়ার কারণে অশুভ... বৃহস্পতি তৃতীয় আর দ্বাদশ ভাবের স্বামী হওয়ার কারণে অশুভ হয়! মঙ্গল, শনির শত্রু 'মারকেশ'-য়ের সমান লক্ষণ যুক্ত হয়! শুক্র পঞ্চম এবং দশম ভাবের স্বামী হওয়ার কারণে শুভ যোগকারক হয়... চন্দ্র সপ্তম ভাবে কর্কট রাশির স্বামী হওয়ার কারণে শুভ এবং বুধ ভাগ্য ভাবের স্বামী হওয়ার কারণে আর ষষ্ঠ ভাব উত্তর-পশ্চিম দিশায় হওয়ার কারণে শুভ হয়!

লাভদায়ক রত্ন ঃ

মুক্তা (Pearl) ঃ এটা হচ্ছে চন্দ্রের রত্ন! এটা কুণ্ডলীতে সপ্তম ভাবের স্বামী হওয়ার সাথে-সাথে 'মারকেশ' শনির শত্রু হওয়ায় শুভ ফলদায়ক হয়!

হীরা (Diamond) ঃ এটা হচ্ছে শুক্রের রত্ন! কুণ্ডলীতে এটা পঞ্চম ত্রিকোণ এবং দশম ভাবের স্বামী হয় এবং এর সাথে লগ্নেশ শনির ঘনিষ্ট সম্পর্ক রয়েছে!

মকর লগ্নের জাতকদের হীরা অবশ্যই ধারণ করা উচিত! শুক্রের মহাদশায় নীলার সাথে ধারণ করলে সেটা আরও বেশী লাভায়ক প্রমাণিত হয়!

পান্না (Emereld) ঃ এটা হচ্ছে বুধের রত্ন! এটা কুণ্ডলীতে ষষ্ঠ আর অস্টম (ভাগ্য) ভাবের স্বামী হওয়ার সাথে-সাথে নবম ত্রিকোণও হয়! লগ্নেশ শনির সাথে মিত্রতা থাকার কারণে এটা ধারণ করা শুভ হয়! বুধের মহাদশায় নীলার সাথে ধারণ করাটা আরও বেশী লাভদায়ক হয়!

ক্ষতিকারক রত্ন ঃ

নীলা (Blue Sapphire) ঃ এটা হচ্ছে শনির রত্ন! কুণ্ডলীতে এটা লগ্ন ভাবের স্বামী হওয়ার সাথে-সাথে দ্বিতীয় (ধন) ভাবেরও স্বামী হয়! এক দিকে এটা যেমন ধন প্রদান করে... অন্য দিকে এটা 'মারকেশ'-ও হয়! এজন্য নীলা ধারণ করা উচিত নয়!

মাণিক (Ruby) ঃ মাণিক হচ্ছে সূর্যের রত্ন! এটা কুণ্ডলীতে অস্টম (দুঃখ) ভাবের স্বামী হয় এবং লগ্নেশ শনির শত্রুও হয়! এজন্য মকর লগ্নের জাতকদের মাণিক ধারণ করা উচিত নয়!

মুঙ্গা (Coral) ঃ এটা হচ্ছে মঙ্গলের রত্ন! কুণ্ডলীতে এটা চতুর্থ (সম্পত্তি) এবং একাদশ (লাভ) ভাবের স্বামী হয়! মঙ্গলের মহাদশায় এটা ধারণ করা যেতে পারে!

পোখরাজ (Yellow Sapphire) ঃ এটা হচ্ছে বৃহস্পতির রত্ন! এটা কুণ্ডলীতে তৃতীয় এবং দ্বাদশ (ক্ষতি) ভাবের স্বামী হয়! লগ্নেশ শনির শত্রু হওয়ার হওয়ার কারণে এটা ধারণ করা অশুভ হয়!

কুম্ভ জন্ম লগ্নের ব্যক্তিদের জন্য ঃ

কুম্ভ জন্ম লগ্নের ব্যক্তিদের কুণ্ডলী

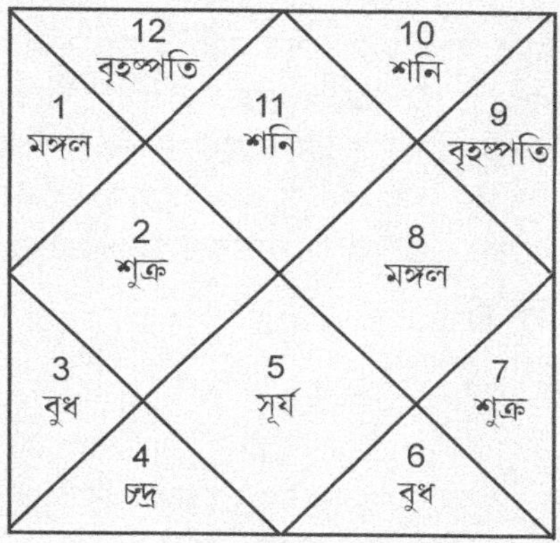

जीवचन्द्रकुजाः पापा एको दैत्यगुरुः शुभः।
राजयोगकरः शुक्रोः भौमश्चैव बृहस्पति॥
निहंता संति भौमाद्या मारकत्वेन लक्षिताः।
एवमेव फलान्यूहान्येतानि घटजन्मनः॥

কুম্ভ লগ্নের জাতকদের বৃহস্পতি, চন্দ্র আর মঙ্গল পাপফল প্রদান করে এবং কেবলমাত্র শুক্র রাজ যোগকারক হয়! মঙ্গল-বৃহস্পতি 'মারকেশ' হয়... অন্যান্য গ্রহগুলোও মারকেশের সাথে সম্বন্ধিত হওয়ার কারণে সেই প্রকার ফলই প্রদান করে!

নোট ঃ এখানে কুম্ভ লগ্নের স্বামী শনি দ্বাদশ (ক্ষতি) ভাবের স্বামী হওয়ার কারণে অশুভ হয়... কিন্তু লগ্নেশ হওয়ার কারণে শুভ ফল প্রদানকারীর সহায়কও হয়! শুক্র কেন্দ্রাধিপতি এবং নবমেশ ত্রিকোণ, ভাগ্য ভাবের স্বামী হওয়ার কারণে শুভ ফলদায়ক হয়! বুধ পঞ্চমেশ ত্রিকোণ হওয়ার কারণে শুভ এবং অষ্টম (দুঃখ) ভাবের স্বামী হওয়ার কারণে পাপ ফলদায়কও হয়! চন্দ্র ষষ্ঠ (শত্রু) ভাবের স্বামী হওয়ার কারণে অশুভ হয়! বৃহস্পতি (ধনেশ) লাভাধিপতি আর 'মারকেশ' হওয়ার কারণে পাপী হয়ে পড়েছে! সূর্য সপ্তম ভাব, পশ্চিম দিশায় নীচ হওয়ার কারণে পাপ ফলদায়ক হয় এবং মঙ্গল তৃতীয় ভাবের স্বামী হওয়ার কারণে শুভ ফলদায়ক হয় না!

লাভদায়ক রত্ন ঃ

নীলা (Blue Sapphire) ঃ এটা হচ্ছে শনির রত্ন! শনি লগ্নেশ হওয়ার

কারণে কুম্ভ রাশির জাতকদের পক্ষে এটা 'জীবন-রত্ন' হয়... এজন্য তাঁদের পক্ষে নীলা ধারণ করাটা শুভ ফলদায়ক হয়!

হীরা (Diamond) ঃ এটা হচ্ছে শুক্রের রত্ন! জন্ম কুণ্ডলীতে এটা চতুর্থ (সম্পত্তি) এবং নবম (ভাগ্য) ভাবের স্বামী হওয়ার কারণে রাজ যোগকারক হয়! শুক্রের মহাদশায় নীলার সাথে এটা ধারণ করা অত্যন্ত শুভ ফলদায়ক হয়!

পান্না (Emereld) ঃ এটা হচ্ছে বুধের রত্ন! কুণ্ডলীতে বুধ পঞ্চম ত্রিকোণ আর অষ্টম ভাবের স্বামী হয়! পঞ্চম ত্রিকোণ (বিদ্যা, সন্তান) ভাবের স্বামী হওয়ার কারণে পান্না ধারণ করাকে শুভ মানা হয়েছে! এটা লগ্নেশ শনি আর শুক্রের মিত্র হয়... সুতরাং এটাকে যদি হীরার সাথে ধারণ করা যায়, তাহলে সেটা অধিক লাভদায়ক হয়!

ক্ষতিকারক রত্ন ঃ

মাণিক (Ruby) ঃ এটা হচ্ছে সূর্যের রত্ন! কুণ্ডলীতে সূর্য সপ্তমেশ হওয়ার কারণে 'মারকেশ' হয়! সপ্তমেশ সূর্য এবং লগ্নেশ শনি পরস্পরের শত্রুও হয়... এজন্য **(Ruby)** কখনো ধারণ করা উচিত নয়!

মুক্তা (Pearl) ঃ এটা হচ্ছে চন্দ্রের রত্ন! জন্ম কুণ্ডলীতে চন্দ্র ষষ্ঠ (শত্রু আর রোগ) ভাবের স্বামী হয়! এটা লগ্নেশ শনির শত্রুও হয়... এজন্য মুক্তা ধারণ করাটা ক্ষতিকারক হয়!

পোখরাজ (Yellow Sapphire) ঃ এটা হচ্ছে বৃহস্পতির রত্ন! জন্ম কুণ্ডলীতে এটা ধনেশ (ধন) ভাবের স্বামী হয়! ধনেশ হওয়ার কারণে এটা 'মারকেশ' হয় এবং লগ্নেশ শনির শত্রু হওয়ার কারণে এটা ধারণ করা লাভ প্রদানকারী হয় না! তবে বৃহস্পতির মহরদশায় এটা ধারণ করা যেতে পারে!

মুঙ্গা (Coral) ঃ এটা হচ্ছে মঙ্গলের রত্ন! কুণ্ডলীতে এটা তৃতীয় আর দশম ভাবের স্বামী হয়! মঙ্গল, শনির শত্রুও হয়... এজন্য মুঙ্গা লাভ প্রদান করে না! যদি মঙ্গল দশম ভাবে অবস্থিত থাকে, তাহলে মঙ্গলের মহাদশায় ব্যবসায় উন্নতি করার জন্য এটা ধারণ করা যেতে পারে!

মীন জন্ম লগ্নের ব্যক্তিদের জন্য ঃ

মীন জন্ম লগ্নের ব্যক্তিদের কুণ্ডলী

मंदशुक्रांशुमद् पापा: सौम्यो भौमविधू शुभौ।
महीसुतगुरुश्चैव भवेतां योगकारकौ।।
भौमः मारकत्वेऽपि न हंतामंदज्ञौ पापिनः।
इत्यूहानि फलान्येवं बुधैस्तु झपजन्मनः।।

মীন লগ্নের জাতকদের শনি, শুক্র আর সূর্য পাপফল প্রদান করে এবং চন্দ্র শুভ ফল প্রদান করে! মঙ্গল-বৃহস্পতির যোগ রাজ যোগকারক হয়! মঙ্গল 'মারকেশ' হওয়া সত্ত্বেও মারে না... কিন্তু শনি-বুধ 'মারক' হয়! এই হচ্ছে মীন লগ্নের জাতকদের ফল!

নোট ঃ এখানে মীন লগ্নের স্বামী বৃহস্পতি, দশম (ব্যবসা) ভাবের স্বামীও বটে! এজন্য বৃহস্পতি শুভ ফলদায়ক হয়! মঙ্গল ধনেশ এবং নবম ত্রিকোণ (ভাগ্য)-য়ের স্বামী হওয়ার কারণে শুভ ফলদায়ক হয়! মঙ্গল 'মারকেশ' হওয়া সত্ত্বেও মারে না! চন্দ্র পঞ্চমেশ, পঞ্চম ত্রিকোণ এবং বিদ্যা আর সন্তান ভাবের স্বামী হওয়ার কারণে শুভ ফলদায়ক হয়... এটা লগ্নেশ বৃহস্পতির মিত্রও হয়! শুক্র তৃতীয় আর অষ্টম ভাবের স্বামী হওয়ার কারণে শুভ ফলদায়ক হয় না! বুধ চতুর্থ (ধন) ভাবের স্বামী হওয়ার কারণে শুভ হয়... কিন্তু সপ্তম ভাবের স্বামী হওয়ার কারণে 'মারক'-ও হয়! এজন্য এটা শুভ ফলদায়ক হয় না! সূর্য ষষ্ঠ (শত্রু) ভাবের স্বামী হওয়ার কারণে শুভ হয় না! শনি একাদশ (ব্যয়) ভাবের স্বামী এবং লগ্নেশ বৃহস্পতির শত্রু হওয়ার কারণে শুভ ফলদায়ক হয় না!

লাভদায়ক রত্ন ঃ

পোখরাজ (Yellow Sapphire) ঃ এটা হচেছ বৃহস্পতির রত্ন ! লগ্ন এবং দশম ভাবের স্বামী হওয়ার কারণে এটা শুভ হয় ! মীন রাশির জাতকদের পক্ষে এটা 'জীবন-রত্ন' হয় ! ভাগ্যেশ আর ধনেশ মুঙ্গার সাথে এটা ধারণ করলে সেটা অত্যন্ত লাভদায়ক হয় !

মুক্তা (Pearl) ঃ এটা হচেছ চন্দ্রের রত্ন ! এটা পঞ্চম ত্রিকোণ (সুখ) ভাবের স্বামী হওয়ার সাথে-সাথে লগ্নেশ বৃহস্পতির মিত্রও হয় ! এটা ধারণ করা শুভ হয় ! মহাদশায় পোখরাজ বা মাণিকের সাথে ধারণ করাটা আরও লাভদায়ক হয় !

মুঙ্গা (Coral) ঃ এটা হচেছ মঙ্গলের রত্ন ! এটা দ্বিতীয় (ব্যবসা) এবং নবম ত্রিকোণ (ভাগ্য) ভাবের স্বামীও হয় ! এজন্য মুঙ্গা ধারণ করাটা লাভদায়ক হয় ! এটা যদি পোখরাজ বা মুক্তার সাথে ধারণ করা যায়... তাহলে সেটা অত্যন্ত লাভ প্রদান করে !

পান্না (Emereld) ঃ এটা হচেছ বুধের রত্ন ! চতুর্থ (কেন্দ্র) এবং সপ্তম ভাব 'মারকেশ' হওয়া সত্ত্বেও এটা কোন প্রকারের ক্ষতি করে না... সুতরাং পান্না ধারণ করা যেতে পারে !

ক্ষতিকারক রত্ন ঃ

মাণিক (Ruby) ঃ এটা হচেছ সূর্যের রত্ন ! জন্ম কুণ্ডলীতে সূর্য ষষ্ঠ (শত্রু) ভাবের স্বামী হয় ! এজন্য মাণিক ধারণ করাটা ক্ষতিকারক হয় !

নীলা (Blue Sapphire) ঃ এটা হচেছ শনির রত্ন ! কুণ্ডলীতে এটা একাদশ আর দ্বাদশ ভাবের স্বামী অশুভ গ্রহ হয় এবং লগ্নেশ বৃহস্পতির শত্রুও হয়... এজন্য নীলা ধারণ করা উচিত নয় !

হীরা (Diamond) ঃ এটা হচেছ শুক্রের রত্ন ! কুণ্ডলীতে শুক্র তৃতীয় এবং অষ্টম অশুভ ভাবের স্বামী হয় এবং এটা লগ্নেশ বৃহস্পতির শত্রুও হয় ! বৃহস্পতিকে পূজা-পাঠ, সন্তান এবং ধার্মিক প্রবৃত্তির মানা হয়েছে... অন্য দিকে শুক্রকে বিলাসিতার কারক এবং ধর্ম বিরুদ্ধ মানা হয়েছে ! এজন্য মীন লগ্নের জাতকদের পক্ষে হীরা ধারণ করাটা লাভদায়ক হয় না !

রত্ন ধারণ করার বিধি

যে কোন রত্ন ধারণ করার আগে রত্ন সম্বন্ধীয় দিন, সঠিক সময়, নক্ষত্র, পক্ষ, বিভিন্ন গ্রহের দিশা, বিভিন্ন গ্রহের অবস্থান, সেগুলোর উদয় হওয়া আর অস্ত যাওয়া ইত্যাদির ব্যাপারে জ্ঞান থাকাটা অত্যন্ত আবশ্যক হয়! পাঠকদের সুবিধার জন্য এখানে এক তালিকা দেওয়া হচেছ... যেটা বিভিন্ন রত্ন ধারণ করার ক্ষেত্রে সহায়ক প্রমাণিত হবে!

দিন	রত্ন	সময়	নক্ষত্র
01. রবিবার	মাণিক	প্রাতঃ সূর্য	কৃতিকা, উত্তর ফাল্গুনী, উত্তরাষাঢ়া
02. সোমবার	মুক্তা	উদয় হওয়ার	রোহিনী, হস্ত, শ্রবণ
03. মঙ্গলবার	মুঙ্গা	পরে 45	মৃগশিরা, চিত্রা, ধনিস্ঠা
04. বুধবার	পান্না	মিনিটের	আশ্লেষা, জ্যেস্ঠা, রেবতী
05. বৃহস্পতিবার	পোখরাজ	মধ্যে ধারণ	পুনর্বসু, বিশাখা, পূর্ব ভাদ্রপদ
06. শুক্রবার	হীরা	করা	ভরণী, পূর্ব ফাল্গুনী, পূর্বাষাঢ়া
07. শনিবার	নীলা	উচিত	পুষ্য, অনুরাধা, উত্তর ভাদ্রপদ

01. রত্ন সেটার দিন অনুসারে, নক্ষত্র অনুসারে বা দিনের প্রথম হোরা অর্থাৎ প্রাতঃকালে সূর্য উদয় হওয়ার পরে 45 মিনিটের মধ্যে ধারণ করা উচিত!
02. কিছু রত্ন সন্ধ্যায় সূর্য অস্ত যাওয়ার পরে ধারণ করা হয়, যেমন – হীরা, গোমেদ, নীলা, মুক্তা এবং চন্দ্রমণি চন্দ্র উদয় হওয়ার পরে ধারণ করা উচিত!
03. রত্ন সর্বদা শুক্লপক্ষে ধারণ করাটা শুভ হয়!
04. কুণ্ডলীতে যে গ্রহ অস্ত হচেছ... তার সাথে সম্বন্ধিত রত্ন ধারণ করলে সেটা শুভ হয় না!
05. কুণ্ডলীর ষষ্ঠ, অষ্টম আর দ্বাদশ স্হানে অবস্হিত রাশিগুলোর স্বামীর রত্ন ধারণ করা উচিত নয়!
06. যদি কুণ্ডলীতে চন্দ্র ষষ্ঠ, অষ্টম আর দ্বাদশ ভাবে অবস্হিত থাকে অর্থাৎ সেটা যদি ষষ্ঠ, অষ্টম আর দ্বাদশ রাশি হয়... তাহলে এই রাশির রত্ন ধারণ করা উচিত নয়!

07. যে রত্ন বিখণ্ডিত হয়ে রয়েছে, যেটায় ফাটল ধরেছে বা যে রত্ন কোন জায়গা থেকে ভেঙে গেছে... সেই রত্ন ধারণ করা উচিত নয়!

08. দম্পতি (স্ত্রী-পুরুষ)-র যে কোন রত্ন ধারণ করার আগে এটা দেখে নেওয়া উচিত যে, তাঁদের দুজনের রত্নের মধ্যে কোন পারস্পরিক শত্রুতা তো নেই! ব্যক্তিগত রূপে সেটা তাঁদের লাভ প্রদান করলেও পারিবারিক দৃষ্টিতে সেটা শুভ হয় না!

09. প্রাণ প্রতিষ্ঠা করার পরে রত্ন ধারণ করলে সেটা শুভ হয়!

রত্নের প্রাণ প্রতিষ্ঠা করার বিধি ঃ প্রত্যেক রত্নের সম্পর্ক এক নির্দিষ্ট গ্রহের সাথে থাকে! এজন্য বিধি অনুসারে রত্নের সাথে সম্বন্ধিত গ্রহগুলোর মন্ত্রের উচ্চারণ করে সেগুলোর প্রাণ প্রতিষ্ঠা করা হয়ে থাকে অর্থাৎ রত্নের মধ্যে প্রাণিক এনার্জীর সঞ্চার করা হয়! তার পরেই সেগুলো ধারণ করা হয়! এখানে পাঠকদের সুবিধার জন্য বিভিন্ন রত্নের সাথে সম্বন্ধিত গ্রহগুলোর মন্ত্রের উল্লেখ করা হচ্ছে... যেগুলোর উচ্চারণ রত্ন ধারণ করার আগে করা হয়ে থাকে!

01. মাণিক	সূর্য রত্ন	ওঁ সূর্যায় নমঃ
02. মুক্তা	চন্দ্র রত্ন	ওঁ চন্দ্রায় নমঃ
03. মুঙ্গা	মঙ্গল রত্ন	ওঁ ভৌমায় নমঃ
04. পান্না	বুধ রত্ন	ওঁ বুধায় নমঃ
05. পোখরাজ	বৃহস্পতি রত্ন	ওঁ বৃহস্পতেয় নমঃ
06. হীরা	শুক্র রত্ন	ওঁ শুক্রায় নমঃ
07. নীলা	শনি রত্ন	ওঁ শনৈশ্চরায় নমঃ
08. গোমেদ	রাহু রত্ন	ওঁ ঐ হ্রী রাহবে নমঃ
09. বৈদুর্য্য-মণি	কেতু রত্ন	ওঁ কে কেতবে নমঃ

রাশি অনুসারে রত্ন ধারণ করা

জন্ম কুণ্ডলীর যে ভাবে চন্দ্র থাকে, সেটাই জাতকের রাশি হয়! রাশি অনুসারে রত্ন ধারণ করলে চন্দ্রের দোষ সমাপ্ত হয়ে পড়ে! জ্যোতিষে চন্দ্রকে মন, ধন, সম্পত্তি আর মাতার গুরুত্ব প্রদান করা হয়েছে! রাশি-রত্ন ধারণ করলে প্রত্যেক ব্যক্তির তাঁর রাশি অনুসারে লাভ প্রাপ্ত হয়! কিন্তু রাশি-রত্ন ধারণ করার আগে জন্ম কুণ্ডলীতে রাশির স্থান অবশ্যই দেখে নিন! যদি জাতকের রাশি কুণ্ডলীতে লগ্নের থেকে ষষ্ঠ, অষ্টম এবং দ্বাদশ ভাবে অর্থাৎ 6, 8 আর 12-তম স্থানে অবস্থান করে... তাহলে এই সব ভাবে অবস্থান করা রাশিগুলোর সাথে সম্বন্ধিত রত্ন ধারণ করা উচিত নয়!

চিত্র	রাশি	রত্ন
	মেষ (Aries)	মুঙ্গা (Coral)
	বৃষ (Tauras)	হীরা (Diamond)
	মিথুন (Gemini)	পান্না (Emerald)
	কর্কট (Cancer)	মুক্তা (Pearl)
	সিংহ (Leo)	মাণিক (Ruby)

	কন্যা (Virgo)	পান্না (Emerald)
	তুলা (Libra)	নীলা (Blue Sapphire)
	বৃশ্চিক (Scorpio)	কারনিলিয়ন (Carnelian)
	ধনু (Sagittarius)	পোখরাজ (Yellow Sapphire)
	মকর (Capricorn)	নীলা (Blue Sapphire)
	কুম্ভ (Aquarious)	গোমেদ (Hessonite)
	মীন (Pisces)	পোখরাজ (Yellow Sapphire)

অঙ্ক বিদ্যা অনুসারে রত্ন ধারণ করা

এর আগের অধ্যায়ে জ্যোতিষ শাস্ত্র অনুসারে রত্ন ধারণ করার বিধির ব্যাপারে জানানো হয়েছে ! এই বিধি সেই সব ব্যক্তিদের পক্ষে লাভদায়ক হয়... যাঁরা নিজেদের জন্ম তারিখ, মাস, বছর, জন্মের সময় এবং জন্ম স্হান জানেন ! কিন্তু যেসব ব্যক্তিদের জন্ম কুণ্ডলী নেই অর্থাৎ যাঁদের নিজেদের জন্মের সময় জানা নেই... তাঁরা বিভিন্ন রত্ন কি ভাবে ধারণ করবেন ? তাঁদের জন্য সংখ্যার ভিত্তিতে, ব্যক্তির জন্মের মূলাংকের ভিত্তিতে রত্ন ধারণ করার বিধি এখানে জানানো হচেছ... যেটা ব্যক্তির মূলাংক সংখ্যা (Key Number)-র ওপরে আধারিত হয় ! জন্মের মূলাংক সংখ্যা বার করার বিধি নীচে জানানো হল ! জন্ম তারিখ যাই হোক্ না কেন... তার সাথে কেবলমাত্র জন্মের সংখ্যা যোগ করে 1 থেকে 9 পর্যন্ত সংখ্যা বার করে নিন !

উদাহরণ হিসেবে ঃ যদি কোন ব্যক্তির জন্ম তারিখ 1, 2, 3, 4, 5, 6, 7, 8 বা 9 হয়... তাহলে সেটাই সেই ব্যক্তির মূলাংক সংখ্যা (Key Number) হবে !

01. যদি জন্ম 10 তারিখ থেকে 31 তারিখের মধ্যে হয়ে থাকে... তাহলে নীচে দেখানো বিধি অনুসরণ করে মূলাংক সংখ্যা বার করে নিন !

10 = 1 + 0 = 1
11 = 1 + 1 = 2
12 = 1 + 2 = 3
13 = 1 + 3 = 4
14 = 1 + 4 = 5
15 = 1 + 5 = 6
16 = 1 + 6 = 7
17 = 1 + 7 = 8
18 = 1 + 8 = 9
19 = 1 + 9 = 10 = 1 + 0 = 1
20 = 2 + 0 = 2
21 = 2 + 1 = 3
22 = 2 + 2 = 4
23 = 2 + 3 = 5
24 = 2 + 4 = 6
25 = 2 + 5 = 7
26 = 2 + 6 = 8
27 = 2 + 7 = 9
28 = 2 + 8 = 10 = 1 + 0 = 1
29 = 2 + 9 = 11 = 1 + 1 = 2
30 = 3 + 0 = 3
31 = 3 + 1 = 4

জন্মের তারিখ, জন্মের গ্রহ এবং জন্মের রত্ন

অঙ্ক বিদ্যা অনুসারে নয় সংখ্যা, নয় গ্রহ এবং নয় রত্নের মধ্যে পারস্পরিক গভীর সম্পর্ক রয়েছে... যেটা নীচের তালিকায় প্রদর্শিত করা হয়েছে !

ক্রম সংখ্যা	জন্ম তারিখ	গ্রহ	রত্ন
01.	1, 10, 19, 28	সূর্য	মাণিক
02.	2, 11, 20, 29	চন্দ্র	মুক্তা
03.	3, 12, 21, 30	বৃহস্পতি	পোখরাজ
04.	4, 13, 22, 31	রাহু	গোমেদ
05.	5, 14, 23	বুধ	পান্না
06.	6, 15, 24	শুক্র	হীরা
07.	7, 16, 25	কেতু	বৈদুর্য্য-মণি
08.	8, 17, 26	শনি	নীলা
09.	9, 18, 27	মঙ্গল	মুঙ্গা

ভাগ্যশালী রত্ন

আমাদের ব্যবহার, খুশী আর সফলতা আমাদের জন্ম তারিখ, গ্রহ আর রত্নের মধ্যেকার পারস্পরিক পোজিটিভ এনার্জীর ওপরে নির্ভর করে! যদি এই তিনটের মধ্যে পারস্পরিক সামঞ্জস্য অর্থাৎ মিত্রতা থাকে... তাহলে সেই সব রত্ন ধারণ করা অত্যন্ত লাভদায়ক হয়! আর যদি এগুলোর মধ্যে শত্রুতা থাকে... তাহলে সেই সব রত্ন ধারণ করাটা ক্ষতিকারকই হবে!

উপরোক্ত প্রসঙ্গে ব্যক্তির জন্ম তারিখ এবং গ্রহ, আভা মণ্ডল এবং ভাগ্যশালী রত্নগুলোকে চিত্রের মাধ্যমে বোঝানো হয়েছে... যেটা এই প্রকার ঃ-

জন্ম তারিখ, প্রভাবশালী গ্রহ, প্রভাবশালী আভা মণ্ডল আর প্রভাবশালী রত্ন

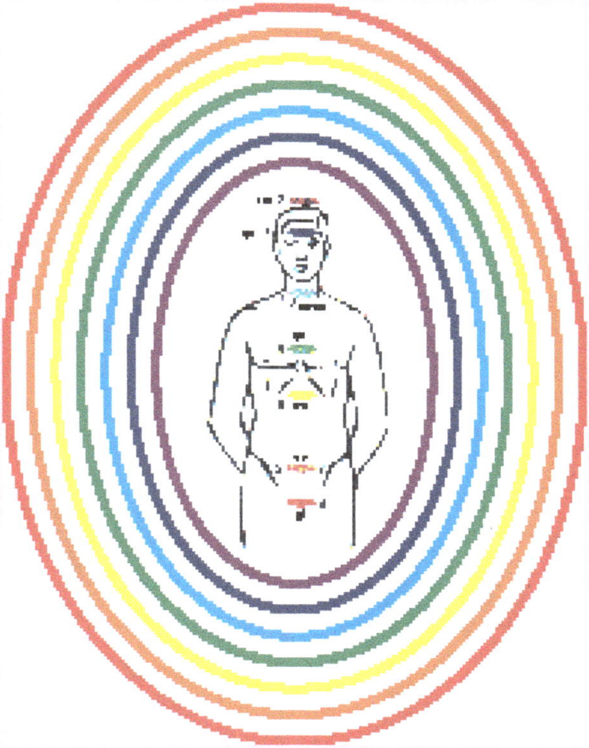

যেসব ব্যক্তির জন্ম কোন মাসের 1, 10, 19 আর 28 তারিখে হয়েছে ঃ

জন্মের তারিখ ঃ- $1, 10 \rightarrow 1 + 0 = 1, 19 \rightarrow 1 + 9 = 10$

$10 \rightarrow 1 + 0 = 1, 28 \rightarrow 2 + 8 = 10 \rightarrow 1 + 0 = 1$

এই প্রকার তাঁর জন্ম সংখ্যা ঃ 1

জন্মের গ্রহ ঃ সূর্য

জন্ম রত্ন ঃ মাণিক

আভা মণ্ডল (কস্মিক রং) ঃ লাল

জন্ম তারিখ, প্রভাবশালী গ্রহ, প্রভাবশালী আভা মণ্ডল আর প্রভাবশালী রত্ন

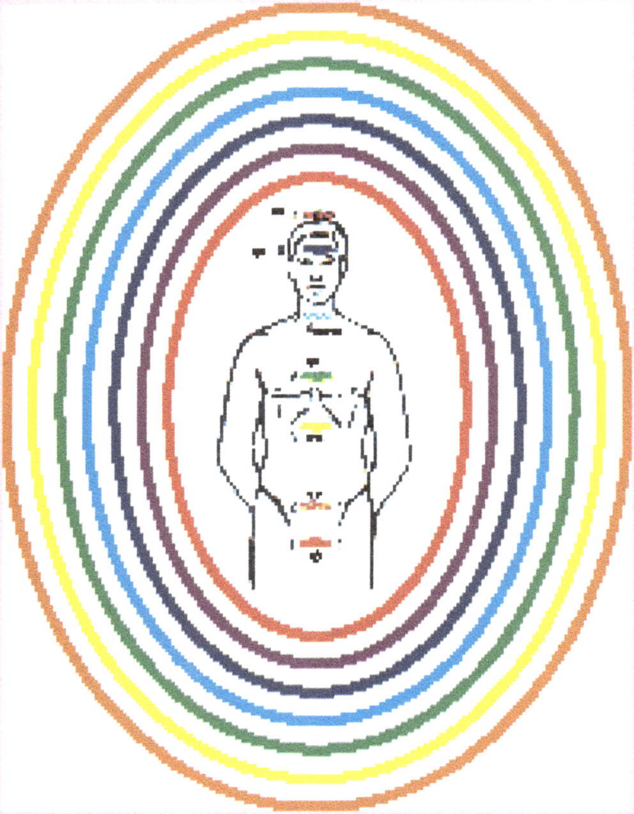

যেসব ব্যক্তির জন্ম কোন মাসের 2, 11, 20 আর 29 তারিখে হয়েছে ঃ

জন্মের তারিখ ঃ- $2, 11 \rightarrow 1 + 1 = 2, 20 \rightarrow 2 + 0 = 2$

$29 \rightarrow 2 + 9 = 11 \rightarrow 1 + 1 = 2$

এই প্রকার তাঁর জন্ম সংখ্যা ঃ 2

জন্মের গ্রহ ঃ চন্দ্র

জন্ম রত্ন ঃ মুক্তা

আভা মণ্ডল (কস্মিক রং) ঃ কমলা

জন্ম তারিখ, প্রভাবশালী গ্রহ, প্রভাবশালী আভা মণ্ডল আর প্রভাবশালী রত্ন

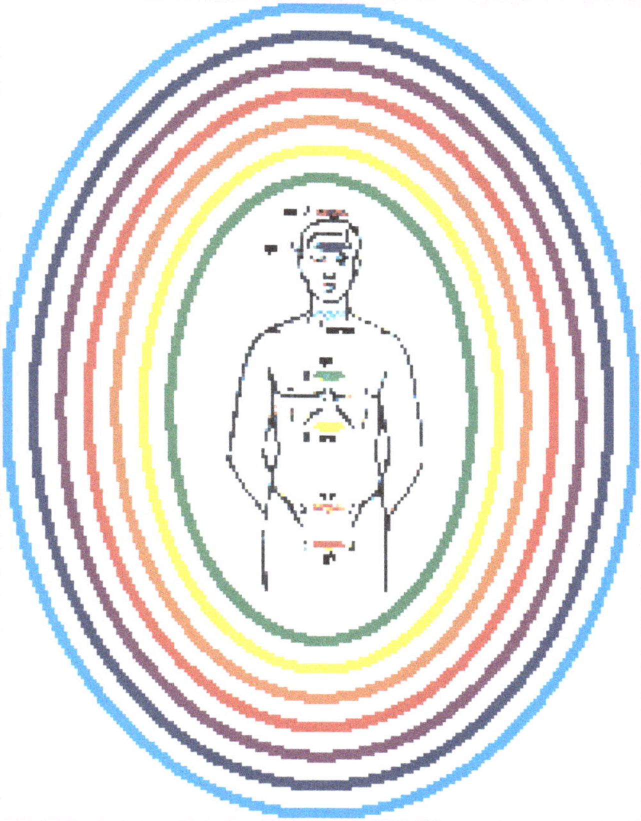

যেসব ব্যক্তির জন্ম কোন মাসের 3, 12, 21 আর 30 তারিখে হয়েছে ঃ

জন্মের তারিখ ঃ- $3, 12 \rightarrow 1 + 2 = 3,$

$21 \rightarrow 2 + 1 = 3, 30 \rightarrow 3 + 0 = 3$

এই প্রকার তাঁর জন্ম সংখ্যা ঃ 3

জন্মের গ্রহ ঃ বৃহস্পতি

জন্ম রত্ন ঃ পোখরাজ

আভা মণ্ডল (কস্মিক রং) ঃ হাল্কা নীল

জন্ম তারিখ, প্রভাবশালী গ্রহ, প্রভাবশালী আভা মণ্ডল আর প্রভাবশালী রত্ন

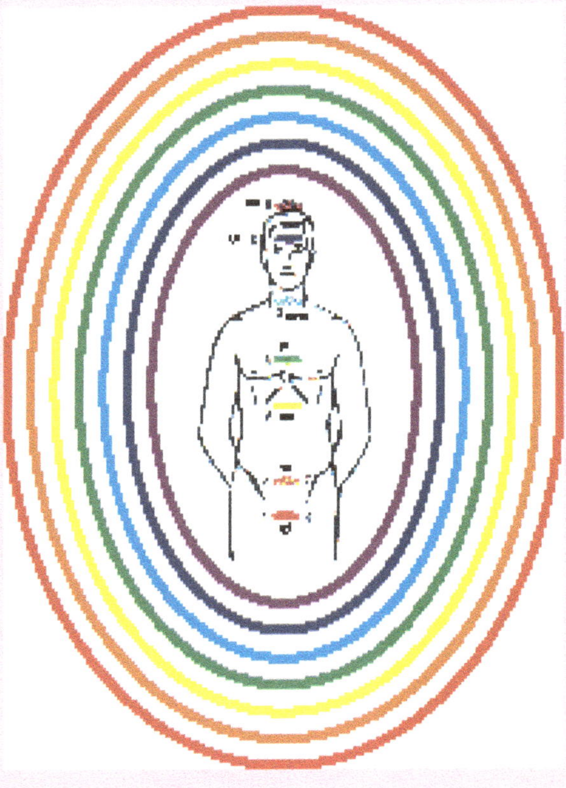

যেসব ব্যক্তির জন্ম কোন মাসের 4, 13, 22 আর 31 তারিখে হয়েছে ঃ

জন্মের তারিখ ঃ- 4, 13 → 1 + 3 = 4

22 → 2 + 2 = 4, 31 → 3 + 1 = 4

এই প্রকার তাঁর জন্ম সংখ্যা ঃ 4

জন্মের গ্রহ ঃ রাহু

জন্ম রত্ন ঃ গোমেদ

আভা মণ্ডল (কস্মিক রং) ঃ ধূসর

জন্ম তারিখ, প্রভাবশালী গ্রহ, প্রভাবশালী আভা মণ্ডল আর প্রভাবশালী রত্ন

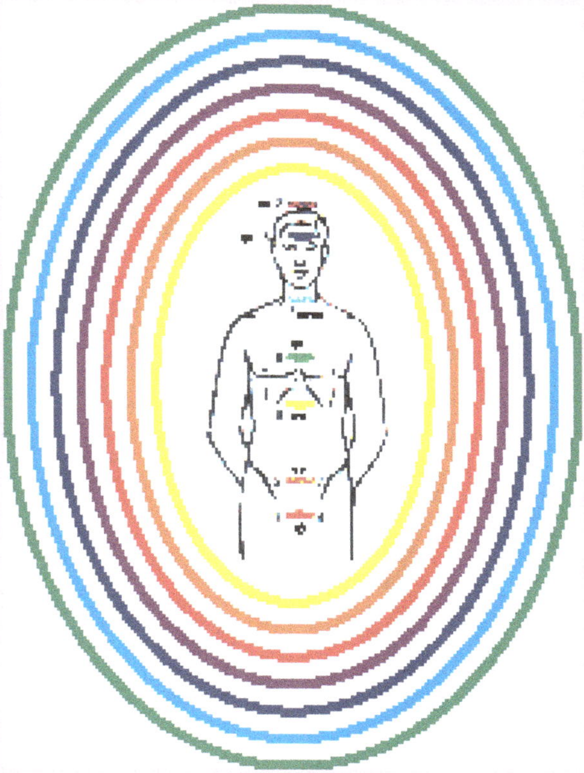

যেসব ব্যক্তির জন্ম কোন মাসের 5, 14 আর 23 তারিখে হয়েছে ঃ

জন্মের তারিখ ঃ- $5, 14 \rightarrow 1 + 4 = 5$

$23 \rightarrow 2 + 3 = 5$

এই প্রকার তাঁর জন্ম সংখ্যা ঃ 5

জন্মের গ্রহ ঃ বুধ

জন্ম রত্ন ঃ পান্না

আভা মণ্ডল (কস্মিক রং) ঃ সবুজ

জন্ম তারিখ, প্রভাবশালী গ্রহ, প্রভাবশালী আভা মণ্ডল আর প্রভাবশালী রত্ন

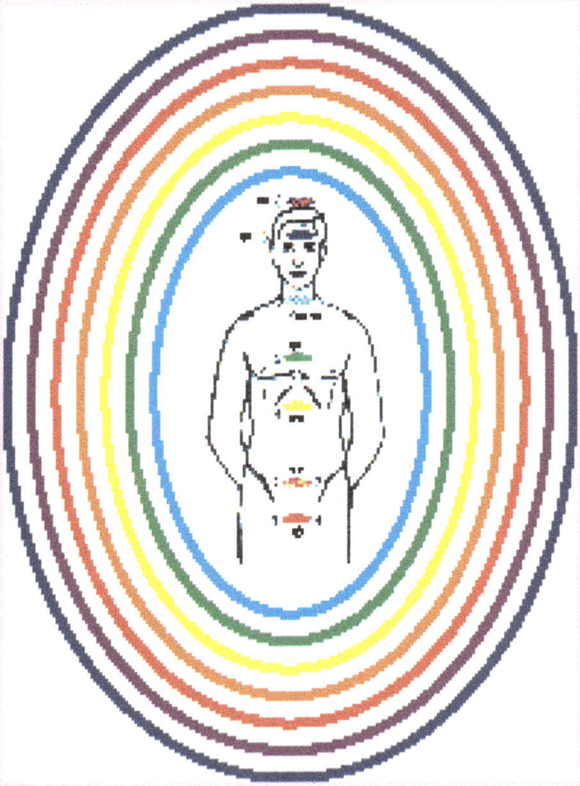

যেসব ব্যক্তির জন্ম কোন মাসের 6, 15 আর 24 তারিখে হয়েছে ঃ

জন্মের তারিখ ঃ- 6, 15 → 1 + 5 = 6, 24 → 2 + 4 = 6

এই প্রকার তাঁর জন্ম সংখ্যা ঃ 6

জন্মের গ্রহ ঃ শুক্র

জন্ম রত্ন ঃ হীরা

আভা মণ্ডল (কস্মিক রং) ঃ গাঢ় নীল

জন্ম তারিখ, প্রভাবশালী গ্রহ, প্রভাবশালী আভা মণ্ডল আর প্রভাবশালী রত্ন

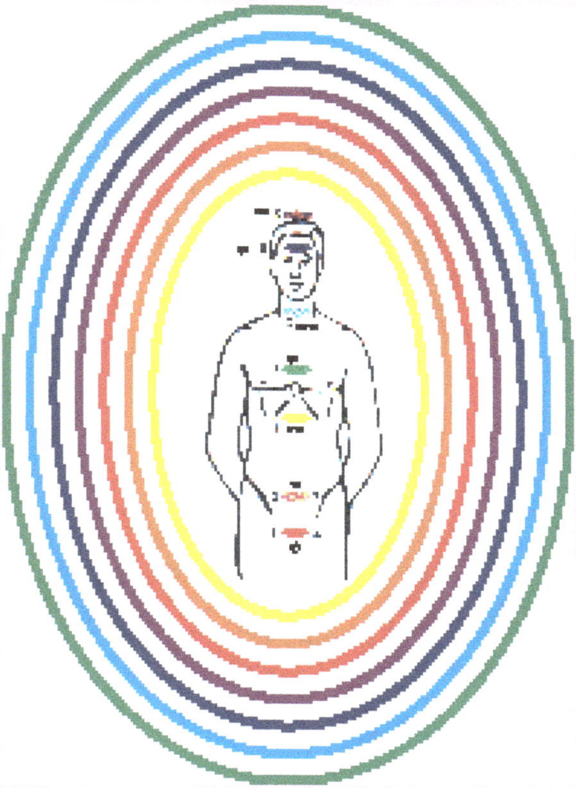

যেসব ব্যক্তির জন্ম কোন মাসের 7, 16 আর 25 তারিখে হয়েছে ঃ

জন্মের তারিখ ঃ- 7, 16 → 1 + 6 = 7, 25 → 2 + 5 = 7

এই প্রকার তাঁর জন্ম সংখ্যা ঃ 7

জন্মের গ্রহ ঃ কেতু

জন্ম রত্ন ঃ বৈদুর্য্য-মণি

আভা মণ্ডল (কস্মিক রং) ঃ সবুজ-কালো

জন্ম তারিখ, প্রভাবশালী গ্রহ, প্রভাবশালী আভা মণ্ডল আর প্রভাবশালী রত্ন

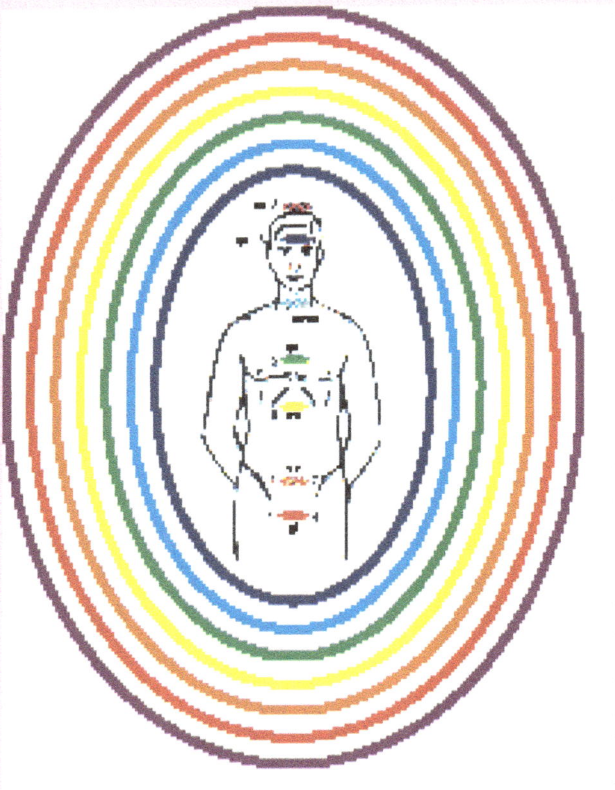

যেসব ব্যক্তির জন্ম কোন মাসের 8, 17 আর 26 তারিখে হয়েছে ঃ

জন্মের তারিখ ঃ- 8, 17 → 1 + 7 = 8, 26 → 2 + 6 = 8

এই প্রকার তাঁর জন্ম সংখ্যা ঃ 8

জন্মের গ্রহ ঃ শনি

জন্ম রত্ন ঃ নীলা

আভা মণ্ডল (কস্মিক রং) ঃ বেগুনী

জন্ম তারিখ, প্রভাবশালী গ্রহ, প্রভাবশালী আভা মণ্ডল আর প্রভাবশালী রত্ন

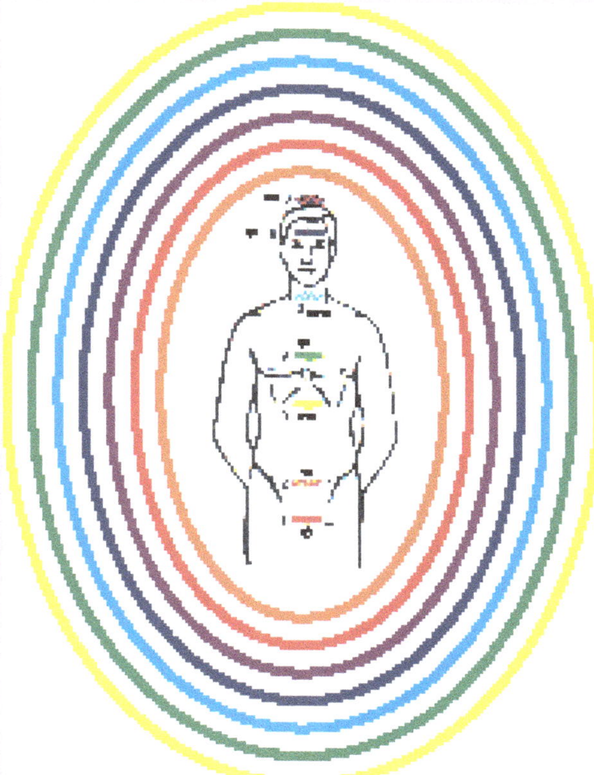

যেসব ব্যক্তির জন্ম কোন মাসের 9, 18 আর 27 তারিখে হয়েছে ঃ

জন্মের তারিখ ঃ- 9, 18 → 1 + 8 = 9, 27 → 2 + 7 = 9

এই প্রকার তাঁর জন্ম সংখ্যা ঃ 9

জন্মের গ্রহ ঃ মঙ্গল

জন্ম রত্ন ঃ মুঙ্গা

আভা মণ্ডল (কস্মিক রং) ঃ হলুদ

বিশ্ব কুণ্ডলী

আমেরিকার ভবিষ্যবাণী

ভারতীয় জ্যোতিষশাস্ত্রীদের মধ্যেও ইরাক যুদ্ধ আর তার পরিণামকে কেন্দ্র করে কৌতূহল বজায় রয়েছে ! এখানে এমনটা উল্লেখ করা যেতে পারে যে, আফগানিস্তানে তালিবানের বিরুদ্ধে আমেরিকার সৈন্য অভিযানের সময় প্রসিদ্ধ জ্যোতিষ বিজ্ঞানী পণ্ডিত ভি. কে. শর্মা যে ভবিষ্যবাণী করেছিলেন... পরে সেটা 100% সত্য হিসেবে প্রমাণিত হয়েছিল !

পণ্ডিত জী এমন ভবিষ্যবাণী করেছিলেন যে, বিশ্বের সাংখ্যিকীয় কুণ্ডলী জোডিয়াকের ওপরে দাঁড়িয়ে রয়েছে... যাতে আমেরিকার স্হান হচ্ছে +5 এবং সেটা মিথুন (Gemini) রাশিতে অবস্হিত... যখন কি ভারতের স্হান হচ্ছে +8 ! ভারতের রাশি হচ্ছে মকর (Capricorn) ! এই সময় (সেপ্টেম্বর 21 – অক্টোবর 21, 2001) শনি অস্টম স্হানে অবস্হিত হয়ে রয়েছে... এজন্য এই সময়ে ভারত আর আমেরিকার সম্পর্কের মধ্যে মাধুর্য্য বজায় থাকবে ! কিন্তু এই সময় পার হয়ে যাওয়ার পরে আমেরিকা ভারতের ভালো চিন্তা করার ব্যাপারে উপেক্ষা করতে শুরু করে দেবে ! এই প্রকার আমেরিকা এই সময় সাড়ে সাত্তি বছরে শনির দিকে অগ্রসর হচ্ছে ! শনি আমেরিকার রাশি মিথুনের দ্বিতীয় ঘরে বিদ্যমান হয়ে রয়েছে এবং বৃষ 16 অংশের দিশায় শনির দিকে অগ্রসর হচ্ছে ! এজন্য এই সৈন্য অভিযানে আমেরিকাকে নিজের বাঞ্ছিত উদ্দেশ্য প্রাপ্ত করতে যথেস্ট কঠিনতার মুখোমুখি হতে হবে ! এমনটা সম্ভব হতে পারে যে, আমেরিকা নিজের উদ্দেশ্য প্রাপ্ত করতে ব্যর্থও হতে পারে !

সাদ্দামের ভবিষ্যবাণী

1981 সালে দিল্লীতে আয়োজিত বিশ্ব জ্যোতিষ সম্মেলনে পণ্ডিত জী বিভিন্ন জ্যোতিষীদের দ্বারা করা ভবিষ্যবাণীর প্রতি চ্যালেঞ্জ ছুঁড়ে দিয়েছিলেন আর ওনার প্রায় সকল ভবিষ্যবাণী প্রসিদ্ধ সংবাদপত্রগুলোয় ছাপা হয়েছিল... যেগুলো সময় এলে সঠিক প্রমাণিতও হয়েছিল! ওনার দ্বারা করা ভবিষ্যবাণীর সব থেকে বড় বিশেষত্ব হচেছ এটা যে, সেগুলো সম্পূর্ণ রূপে অঙ্কের ওপরে আধারিত... যেটা এক বিজ্ঞান এবং পরিণাম সিদ্ধ করতে সক্ষম!

2001 সালের অক্টোবর মাসে উনি উত্তর ভারতের এক প্রসিদ্ধ সংবাদপত্রে অঙ্কের ভিত্তিতে বিশ্ব কুণ্ডলীর প্রদর্শন করে এমন ভবিষ্যবাণী করেছিলেন – "আমেরিকার ওপরে শনির সাড়ে সাত্তি চলছে... যেটা 06-ই জানুয়ারী, 2000 থেকে শুরু হয়েছে! এমনটা আমেরিকার পক্ষে অত্যন্ত ক্ষতিকারক!" সেই সময়ের মধ্যেই আমেরিকার ওয়ার্ল্ড ট্রেড সেন্টারের ওপরে হামলা হয়েছিল!

গালফ্ ওয়ারের সময় সম্পাদকের কাছে লোকেদের প্রচুর চিঠি এসেছিল... যেসব চিঠিতে সম্পাদককে এমন অনুরোধ জানানো হয়েছিল যে, তিনি যেন পণ্ডিত জী-কে এর ওপরে ভবিষ্যবাণী করার অনুরোধ জানান!

পণ্ডিত জী অঙ্কের ভিত্তিতে যে ভবিষ্যবাণী করেছিলেন, সেটা সংবাদপত্রে পুনরায় প্রকাশিত করা হয়েছিল! উনি লিখেছিলেন – "আমেরিকার রাষ্ট্রপতি

জর্জ ডব্লিউ. বুশের জন্ম তারিখ হচেছ 06.07.1946, ইংল্যাণ্ডের প্রধানমন্ত্রী টনি ব্লেয়ারের জন্ম তারিখ হচেছ 06.05.1953 এবং সাদ্দাম হুসেনের জন্ম তারিখ হচেছ 28.04.1937! বুশ আর ব্লেয়ারের 'কী' সংখ্যা হচেছ 6 এবং সাদ্দামের 'কী' সংখ্যা হচেছ 1... যে দুটি সংখ্যার মধ্যে বিষম যোগ রয়েছে! দ্বিতীয়তঃ, সাদ্দাম হুসেনের বয়স হচেছ (2003 - 1937 = 66) (গালফ্ ওয়ার চলার সময়)! এই 66 বছরের মধ্যে একটা 6 হচেছন বুশ এবং অন্য 6 হচেছন ব্লেয়ার... এটাই ওনার মৃত্যুর কারণ হয়ে উঠবে! কিন্তু যদি সাদ্দাম 28-শে এপ্রিল পার করে নেন... তাহলে ওনার বয়স 67 বছর হয়ে পড়বে... তখন ওনার ওপর থেকে সংকট সরে যাবে!"

28-শে এপ্রিলের পরে যুদ্ধ সমাপ্ত হয়ে পড়ে এবং সাদ্দাম হুসেন বেঁচে যান... কিন্তু 2006 সালে 6 সংখ্যা আবার একবার নিজের প্রভাব দেখায় আর সাদ্দাম হুসেনের মৃত্যুর কারণ হয়ে ওঠে!

হিন্টের ভবিষ্যবাণী

हिन्ट
गाजियाबाद—शनिवार, 16 मई 2009
हिन्ट की सभी भविष्यवाणियां हुई सच साबित
केन्द्र में कांग्रेस, गाजियाबाद में राजनाथ जीते
'नाइन' बनाएगा कांग्रेस की सरकार

জন্ম মাস অনুসারে রত্ন ধারণ করা

ভোচক্র (রাশি বৃত্ত)-তে সংখ্যার স্থান

রাশি	মেয়াদ	স্বামী	সংখ্যা
মেষ	21 মার্চ – 20 এপ্রিল	মঙ্গল	9
বৃষ	21 এপ্রিল – 20 মে	শুক্র	6
মিথুন	21 মে – 20 জুন	বুধ	5
কর্কট	21 জুন – 20 জুলাই	চন্দ্র	2 এবং 7
সিংহ	21 জুলাই – 20 আগস্ট	সূর্য	1 এবং 4
কন্যা	21 আগস্ট – 20 সেপ্টেম্বর	বুধ	5
তুলা	21 সেপ্টেম্বর – 20 অক্টোবর	শুক্র	6
বৃশ্চিক	21 অক্টোবর – 20 নভেম্বর	মঙ্গল	9
ধনু	21 নভেম্বর – 20 ডিসেম্বর	বৃহস্পতি	3
মকর	21 ডিসেম্বর – 20 জানুয়ারী	শনি	8
কুম্ভ	21 জানুয়ারী – 18 ফেব্রুয়ারী	শনি	8
মীন	19 ফেব্রুয়ারী – 20 মার্চ	বৃহস্পতি	3

20-শে মার্চ থেকে 21-শে এপ্রিলের মধ্যে জন্ম গ্রহণ করা ব্যক্তিদের জন্য ঃ

উপরোক্ত মেয়াদে জন্ম গ্রহণ করা ব্যক্তিদের লগ্ন 'মেষ' (Aries) হয়... যার স্বামী হচ্ছে মঙ্গল এবং মঙ্গলের রত্ন হচ্ছে মুঙ্গা! এজন্য এমন ব্যক্তিরা মুঙ্গা ধারণ করতে পারেন!

22-শে এপ্রিল থেকে 20-শে মে-র মধ্যে জন্ম গ্রহণ করা ব্যক্তিদের জন্য ঃ

উপরোক্ত মেয়াদে জন্ম গ্রহণ করা ব্যক্তিদের লগ্ন 'বৃষ' (Taurus) হয়... যার স্বামী হচ্ছে শুক্র এবং শুক্রের রত্ন হচ্ছে হীরা! এজন্য এমন ব্যক্তিরা হীরার আংটি ধারণ করতে পারেন!

21-শে মে থেকে 20-শে জুনের মধ্যে জন্ম গ্রহণ করা ব্যক্তিদের জন্য ঃ

উপরোক্ত মেয়াদে জন্ম গ্রহণ করা ব্যক্তিদের লগ্ন 'মিথুন' (Gemini) হয়... যার স্বামী হচ্ছে বুধ এবং বুধের রত্ন হচ্ছে পান্না! এজন্য এমন ব্যক্তিরা পান্না ধারণ করতে পারেন!

21-শে জুন থেকে 20-শে জুলাইয়ের মধ্যে জন্ম গ্রহণ করা ব্যক্তিদের জন্য ঃ

উপরোক্ত মেয়াদে জন্ম গ্রহণ করা ব্যক্তিদের লগ্ন 'কর্কট' (Cancer) হয়... যার স্বামী হচ্ছে চন্দ্র এবং চন্দ্রের রত্ন হচ্ছে মুক্তা! এজন্য এমন ব্যক্তিরা মুক্তা বা চন্দ্রমণি ধারণ করতে পারেন!

21-শে জুলাই থেকে 20-শে আগস্টের মধ্যে জন্ম গ্রহণ করা ব্যক্তিদের জন্য ঃ

উপরোক্ত মেয়াদে জন্ম গ্রহণ করা ব্যক্তিদের লগ্ন 'সিংহ' (Leo) হয়... যার স্বামী হচ্ছে সূর্য এবং সূর্যের রত্ন হচ্ছে মাণিক! এজন্য এমন ব্যক্তিরা মাণিক ধারণ করতে পারেন!

21-শে আগস্ট থেকে 20-শে সেপ্টেম্বরের মধ্যে জন্ম গ্রহণ করা ব্যক্তিদের জন্য ঃ

উপরোক্ত মেয়াদে জন্ম গ্রহণ করা ব্যক্তিদের লগ্ন 'কন্যা' (Virgo) হয়... যার স্বামী হচ্ছে বুধ এবং বুধের রত্ন হচ্ছে পান্না! এজন্য এমন ব্যক্তিরা পান্না ধারণ করতে পারেন!

21-শে সেপ্টেম্বর থেকে 20-শে অক্টোবরের মধ্যে জন্ম গ্রহণ করা ব্যক্তিদের জন্য ঃ

উপরোক্ত মেয়াদে জন্ম গ্রহণ করা ব্যক্তিদের লগ্ন 'তুলা' (Libra) হয়... যার স্বামী হচ্ছে শুক্র এবং শুক্রের রত্ন হচ্ছে হীরা! এজন্য এমন ব্যক্তিরা হীরা ধারণ করতে পারেন!

21-শে অক্টোবর থেকে 20-শে নভেম্বরের মধ্যে জন্ম গ্রহণ করা ব্যক্তিদের জন্য ঃ

উপরোক্ত মেয়াদে জন্ম গ্রহণ করা ব্যক্তিদের লগ্ন 'বৃশ্চিক' (Scorpio) হয়... যার স্বামী হচ্ছে মঙ্গল! এই ক্ষেত্রে মঙ্গল নীচ স্হানে থাকার কারণে মুঙ্গা ধারণ করবেন না... তার পরিবর্তে লাল রং-য়ের কারনীলাইন ধারণ করুন!

21-শে নভেম্বর থেকে 20-শে ডিসেম্বরের মধ্যে জন্ম গ্রহণ করা ব্যক্তিদের জন্য ঃ

উপরোক্ত মেয়াদে জন্ম গ্রহণ করা ব্যক্তিদের লগ্ন 'ধনু' (Sagittarius) হয়... যার স্বামী হচেছ বৃহস্পতি এবং বৃহস্পতির রত্ন হচেছ পোখরাজ! এজন্য ঐই সময়ে জন্ম গ্রহণ করা ব্যক্তিদের পোখরাজ ধারণ করা উচিত!

21-শে ডিসেম্বর থেকে 20-শে জানুয়ারীর মধ্যে জন্ম গ্রহণ করা ব্যক্তিদের জন্য ঃ

উপরোক্ত মেয়াদে জন্ম গ্রহণ করা ব্যক্তিদের লগ্ন 'মকর' (Capricorn) হয়... যার স্বামী হচেছ শনি! কিন্তু ঐই ক্ষেত্রে শনির রত্ন নীলা ধারণ করাটা ক্ষতিকারক হবে... তার পরিবর্তে হীরা ধারণ করাটা লাভদায়ক প্রমাণিত হবে! এজন্য ঐই সময়ে জন্ম গ্রহণ করা ব্যক্তিরা হীরা ধারণ করতে পারেন!

21-শে জানুয়ারী থেকে 18-ই ফেব্রুয়ারীর মধ্যে জন্ম গ্রহণ করা ব্যক্তিদের জন্য ঃ

উপরোক্ত মেয়াদে জন্ম গ্রহণ করা ব্যক্তিদের লগ্ন 'কুম্ভ' (Aquarius) হয়... যার স্বামী হচেছ শনি / রাহু! কিন্তু এমন ব্যক্তিরা শনির রত্ন নীলা বা কুম্ভের রত্ন গোমেদ ধারণ করতে যাবেন না... এমনটা তাঁদের পক্ষে লাভদায়ক হবে না! এমন ব্যক্তিরা হীরা বা পান্না ধারণ করতে পারেন... এমনটা তাঁদের পক্ষে লাভদায়ক হবে!

19-শে ফেব্রুয়ারী থেকে 19-শে মার্চের মধ্যে জন্ম গ্রহণ করা ব্যক্তিদের জন্য ঃ

উপরোক্ত মেয়াদে জন্ম গ্রহণ করা ব্যক্তিদের লগ্ন 'মীন' (Pisces) হয়... যার স্বামী হচেছ বৃহস্পতি! বৃহস্পতির রত্ন পোখরাজ এমন ব্যক্তিদের পক্ষে লাভ দায়ক প্রমাণিত হবে... এজন্য এমন ব্যক্তিরা পোখরাজ ধারণ করতে পারেন!

BENGALI BOOKS

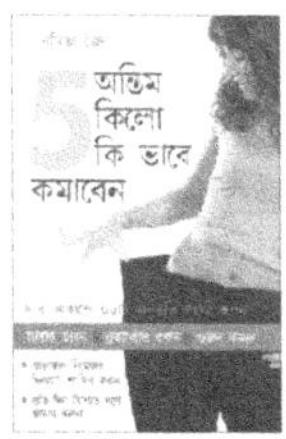

DIAMOND BOOKS X-30, Okhla Industrial Area, Phase-II New Delhi-110020
Tel : 011-40712200, www.diamondbook.in, sales@dpb.in

BENGALI BOOKS